Marlène,
une amazone près de chez nous

Patrick Piovesan

Marlène,
une amazone près de chez nous

LE LYS BLEU
ÉDITIONS

ISBN : 979-10-422-2181-2

Si on se reporte à l'Antiquité grecque, à l'époque de Troie (-1200), une amazone est une femme libre, vigoureuse, indépendante, musclée, qui vit par et pour elle-même. C'est le souvenir d'antiques peuples de femmes guerrières, filles d'Ares, le dieu de la guerre, dont on prétend qu'elles se coupaient le sein droit pour mieux tirer à l'arc. C'est dire leur capacité à endurer la souffrance. Elles auraient vécu en Asie mineure sur les rives du fleuve « Thermodon » et dont la capitale était « Thémiscyre », le N.E. de l'actuelle Turquie, près des bords de la mer Noire. Elles vivaient entre elles et firent de vastes conquêtes en Asie.

Préface

L'histoire de Marlène est un hymne à la vie pour celles et ceux qui ont perdu l'espoir d'une amélioration de leur état de santé et qui ont baissé les bras face aux assauts répétés de la maladie. Son cas n'est pas rare, mais j'ai la prétention de penser qu'il était intéressant de le mettre en avant, de le sortir de l'ombre, car il est très significatif d'un très bel état d'esprit. Celui de la combativité et de l'optimisme. Et que ses éventuels effets bénéfiques sur le mental et en particulier sur le moral, et donc sur le chemin de la guérison, sont loin d'être négligeables. Mais je serais tenté de dire également dans le cas présent qu'il traduit plus précisément une volonté de vivre et non pas de guérir. La guérison est certes un but logique, mais pour Marlène comme sans doute pour beaucoup d'autres malades et pour lesquels les pathologies agressives s'enchaînent inexorablement, l'essentiel est de pouvoir rester en vie le plus longtemps possible avec la meilleure autonomie qui soit. C'est un constat brutal, mais sans équivoque. Lorsque la médecine montre ses limites, il ne reste pas grand-chose pour les patients en termes d'espoir et d'avenir. Les croyances, sous quelques formes qu'elles soient, sont souvent inefficaces, car trop spirituelles, ou trop abstraites.

Alors, mettre à disposition du plus grand nombre et surtout à celles et ceux qui sont au plus mal physiquement et psychologiquement, le parcours de vie d'une femme étonnante, malade depuis son plus jeune âge, mais qui comme le roseau, plie, mais ne rompt jamais, peut constituer une sorte de remède parallèle. Ce livre est un pansement qui va peut-être protéger la ou les blessures et ralentir ainsi l'avancée du mal. Et pourquoi pas susciter l'envie de relever la tête et de tenter même de se confronter à la maladie. Il est aussi un encouragement pour aller de l'avant, vers le meilleur, le positif ou le moins pire pour les plus désespérés. Pour les religieux, ce voyage initiatique est un chemin de croix et pour moi c'est un espoir de vie. Marlène est une femme qui dévoile son exemple de combat et qui donne espoir.

Aujourd'hui encore, je la regarde et je la trouve à la fois courageuse et téméraire face au prédateur redoutable que représente ce destin si cruel. Elle est sa proie, fragile et facile, mais une proie obstinée et déterminée. Il y a quelques mois, j'ai accepté d'endosser le rôle de prête-plume ; j'espère que mon modeste travail d'écrivain sera à la hauteur de ses espérances.

Note de l'auteur

À l'instant même où j'écris les dernières lignes de cet extraordinaire chemin initiatique, j'apprends à mes dépens que ce mal si répandu et presque banal de nos jours, qu'est le cancer, vient de m'atteindre sournoisement dans ma chair avec une agressivité insolente. À l'instar de celles et ceux qui ont connu la même mésaventure, la nouvelle a fait l'effet d'une bombe dans mon corps comme dans mon esprit. De ma position de spectateur compatissant face à l'histoire de Marlène, je me retrouve désormais acteur bien malgré moi. Je ne m'attendais pas bien évidemment à me retrouver en pareille situation et j'avoue très sincèrement que la pilule est difficile à avaler. Je vais donc tout faire pour ne pas m'étouffer et la digérer au plus vite. Visiblement le destin qui jusqu'à présent m'avait épargné, ou presque puisqu'il m'a déjà généreusement offert un infarctus en 2020, a décidé de s'en prendre à moi. À croire que son appétit à répandre le mal n'a pas de limites. Ce qu'il ne sait peut-être pas, c'est qu'avec moi il va devoir affronter un adversaire coriace et obstiné. Les hostilités sont donc ouvertes et une course contre la montre vient de commencer. Au jeu de la bataille navale, je dirais que je suis touché, mais pas coulé. Finalement, mon livre sur la vie de Marlène va constituer une véritable bouée de sauvetage et m'aider considérablement dans ma future existence. Je vais donc être amené à mettre en application la théorie que j'avais évoquée au début de l'ouvrage à savoir m'imprégner de l'expérience de la vie de Marlène afin d'asseoir mes velléités de combat contre la maladie. Le récit de la vie de cette amazone moderne va devenir un remède parallèle à mon traitement. Puisque je suis l'auteur de son épopée de femme malade, mais résistante, j'ai le privilège et avant même les futurs lectrices et lecteurs, de pouvoir puiser mes forces dans son récit encore tout chaud et conforter ainsi de la plus belle des manières ma volonté de prendre le taureau par les cornes, aussi longues et acérées soient-elles. Aujourd'hui, je peux presque affirmer que je suis un disciple de Marlène. Son enthousiasme et sa volonté, face à la maladie, à vouloir positiver et à croire au meilleur, vont déteindre sur mon esprit. Enfin, je me plais à le penser.

La vie n'est vraiment pas un long fleuve tranquille et même si mes croyances en quelque domaine que ce soit sont quasi inexistantes, je veux bien faire une exception et puiser l'énergie nécessaire au sein d'un monde parallèle, si tant est qu'un tel monde existe. Un monde bien éloigné de mon esprit cartésien.

La rencontre

Durant l'hiver 2019, je passais le plus clair de mon temps à rénover un chalet situé au sein d'une petite commune iséroise au nom doux et charmant de Colombe. Avec mon épouse Laurence, nous étions tombés sous le charme de cette modeste construction au style montagnard, nichée sur les flancs sud d'une colline aux rondeurs apaisantes, loin des tumultes de la ville.

C'est au cours d'une journée particulièrement harassante dans mon chantier de rénovation que je fis la connaissance de mes voisins les plus proches. Un couple de retraités avec qui nous avons tissé des liens très rapidement et qui restent à ce jour, les seules personnes que nous côtoyons régulièrement et avec plaisir dans ce village des Terres Froides. Leur maison, une belle demeure jouxtant notre humble chalet côté ouest, nous offre une vue imprenable sur leur piscine parfaitement intégrée dans la construction et qui donne indéniablement au paysage un air de vacances et de sérénité. Alberto, un sicilien de pure souche, âgé de soixante-dix ans, est le maître des lieux avec une ressemblance assez frappante dans sa façon de se déplacer, épuisette à la main autour du bassin avec l'acteur italien Aldo Maccione ; d'ailleurs, leur prénom respectif commence par la même lettre, ce n'est sans doute pas un hasard. Marlène, sa compagne est plus jeune et ne fait des apparitions aux abords du jardin qu'à de plus rares occasions. Tous deux mariés une première fois, puis divorcés, ils se sont rencontrés il y a maintenant de nombreuses années et vivent en harmonie dans ce lieu si reposant, malgré les stigmates d'une vie parsemée d'obstacles et de déconvenues.

La frontière qui délimite nos terrains est constituée d'une haie végétale relativement dense, mais nous pouvons, malgré tout, communiquer sans encombre en un lieu précis ; celui où est installé depuis des décennies un portillon. Un vestige d'une relation étroite entre deux habitations et plus précisément entre deux familles. Alberto me confirma qu'il y a très longtemps, les anciens propriétaires du chalet utilisaient ce passage pour leur rendre visite lors de soirées festives ou encore lorsque l'heure de l'apéritif avait sonné à la belle saison. Tout cela à l'abri des regards. Aujourd'hui, le petit portail ne s'ouvre plus, la végétation coriace ayant décidé de le condamner. Mais je m'attelle à préserver cette fenêtre presque naturelle pour nos futures discussions entre voisins. Côté « Est », notre autre voisin et dernier habitant de la rue est un retraité lui aussi, veuf et que nous rencontrons mon épouse et moi-même de temps en temps au gré de nos allées et venues aux abords de nos habitations respectives. Très gentil et un peu sourd, il est toujours prêt à rendre service. Sa maison, sans doute un ancien relais, est noyée dans la végétation et ressemble plus à un château abandonné, qu'à un lieu de vie. Des bâtiments annexes collés au bâti principal montrent avec force l'usure du temps et le manque d'entretien évident et les centaines d'objets divers mélangés à d'anciens véhicules cachent la réelle beauté de la bâtisse. De temps en temps, le bruit caractéristique d'une tronçonneuse ou la présence d'une colonne de fumée nauséabonde s'échappant comme par miracle d'une cheminée d'un autre temps me confirment que l'habitation est toujours habitée et que ce papi d'une autre époque est bien vivant.

Les semaines s'écoulaient au rythme des travaux avec leurs lots de surprises et de déconvenues qui immanquablement provoquaient des retards en tout genre et perturbaient nos plannings. Il m'arrivait alors de croiser brièvement Alberto et Marlène avec qui j'entamais le temps d'une pause, une conversation afin de faire plus ample connaissance. Et à chaque fois, j'en apprenais un peu plus sur les voisins plus éloignés, sur la vie de la commune et sur les précédents propriétaires de notre nouveau lieu de vie. De temps en temps, Alberto fait son apparition à travers notre haie commune par le biais du portail qui fait office de parloir d'église. Je ne serais dire lequel des deux est le prêtre et l'autre le paroissien, mais nos échanges sont instructifs.

Un soir, nous sommes invités pour l'apéritif chez Marlène et Alberto. C'est notre première invitation chez nos voisins.

Nous sommes au mois d'avril et il y a quelques jours encore, j'étais hospitalisé pour un infarctus. Je ne suis pas dans une forme olympique, surtout psychologiquement, et cette soirée me fera le plus grand bien. Sous les feux des spots et des éclairages extérieurs, la piscine que nous découvrons de près cette fois-ci donne un charme fou à la bâtisse, avec ses reflets bleus et les rayons lumineux qui traversent le petit plan d'eau animé par les vaguelettes générées par le courant servant à régénérer et oxygéner l'élément liquide. L'ambiance est reposante et permet d'oublier l'espace de quelques instants, les soucis de la vie. La propriété imposante par son aspect est parfaitement entretenue et semble vouloir inviter les propriétaires et leurs convives à profiter de l'instant présent. Construite sur plusieurs niveaux, avec ses terrasses engazonnées et ses coins aménagés à l'abri des regards, elle domine la plaine paysanne, tel un château au-dessus du village. Encrée dans la colline adjacente au nord au sein d'une forêt dense, elle semble imprenable et indestructible. À ses côtés, notre humble chalet fait figure de cabane de jardin.

Nous toquons à la porte et c'est Marlène qui nous invite à entrer. Elle se tient droite devant nous, élégante et souriante. C'est une femme qui semble porter une importance particulière à son apparence et qui ne laisse visiblement aucun détail qui pourrait gâcher son image. Tout est impeccable sur elle, sa tenue vestimentaire, sa coiffure et son maquillage. Avant cette soirée, je ne l'avais vue qu'à de rares occasions, presque subrepticement, comme si elle ne sortait que lorsque certaines conditions étaient réunies. Nos échanges avaient été alors relativement brefs. Alberto semblait se concentrer sur les préparatifs de l'apéritif.

Ce soir, nous allons véritablement faire connaissance, tous les quatre et en savoir un peu plus sur ce couple pour qui l'existence, nous l'apprendrons au cours de la soirée, aura revêtu des airs de batailles, avec son lot de blessures qui pourrait faire réfléchir bien des êtres humains quant à la réelle de prise de conscience sur ce qui est le plus important dans l'existence ; les réelles priorités et non celles que nous nous efforçons de créer et qui ne sont que le reflet de notre égoïsme.

Confortablement installés dans un grand canapé, nous discutons de tout et de rien, l'ambiance est chaleureuse et propice au laisser-aller ou plus exactement à la décontraction. L'intérieur du séjour-salon ainsi que l'espace cuisine agencé à l'américaine est parfaitement rangé et respire le soin et la propreté. Marlène et Alberto, en parfaits maîtres de maison, exécutent leurs tâches respectives, bien définies à l'avance, semble-t-il. En réalité, nous avons été conviés à un apéritif dînatoire et en moins de temps qu'il faut pour le dire, la table basse de salon, d'une taille respectable, s'est transformée en un véritable étal de marchandises en tout genre ; une exposition artistique de petits plats décorés et de mets aux couleurs chatoyantes, plus appétissants les uns que les autres. Des champignons assaisonnés, de la charcuterie italienne, des verrines, des toasts ainsi que les classiques du genre. Un festival de goûts et de senteurs qui vont animer nos papilles gustatives. Nous savourons donc le moment présent et je ne sais plus pour quelle raison, mais la conversation s'est portée sur les problèmes de santé des uns et des autres. Sans doute l'actualité du moment avec ses références sur la COVID et ses conséquences au quotidien a-t-elle été le point de départ. Les généralités du début de la discussion ont laissé la place à des sujets plus précis, plus intimes. Nous évoquions alors quelques moments pénibles et douloureux de nos vies respectives lorsque Marlène a commencé à décrire certaines pathologies dont elle avait été victime. À ce moment précis, ce fut le choc… elle venait de se dévoiler presque sans tabou sur sa vie de femme malade.

Cette femme si souriante, aimant rire et montrant toujours une image positive de sa personne avait vécu et vivait encore aujourd'hui des moments très difficiles et destructeurs pour son corps. Les problèmes de santé, généralement constatés chez une personne de son âge, ne représentaient que la fine couche de vernis, celle qui empêche de voir la dure réalité et ses effets, et qui semble vouloir cacher l'insoupçonnable cruauté de sa vie. Son fardeau est bien lourd pour ses frêles épaules. Elle ne laissait pourtant rien paraître, d'abord parce ce que nous n'étions pas encore assez intimes pour évoquer de tels sujets, mais aussi très certainement par pudeur et par volonté. Une volonté qui prend chez elle des proportions bien supérieures à la plupart des personnes qui souffrent d'autant de maux. Une volonté de fer et un désir de ne jamais abdiquer, jamais se laisser abattre ; et montrer qu'il faut faire face et tenter de poursuivre une existence comme si rien ne s'était passé. Il faut vivre et non pas survivre, profiter de la vie, des années qui restent et garder en permanence cet optimisme face aux cruels desseins que le destin lui impose. Toute sa vie, Marlène se sera battue et continue encore aujourd'hui à se battre pour la vie. Malgré des hauts et de nombreux bas, des journées de grande fatigue, des contraintes de soins épuisantes, elle est toujours là.

Avec Laurence, nous sommes en face d'une femme au courage exceptionnel, un exemple pour celles et ceux qui baissent les bras au premier obstacle, au premier souci de santé et qui se plaignent de tout sans retenue. À celles et ceux qui pensent à un moment très critique de leur existence que tout est fini et qu'il n'y a plus d'espoir. Marlène est une guerrière, une combattante, un soldat rose qui se bat pour la vie parce que la vie est belle malgré tout. Elle va connaître très jeune, la maladie, la douleur, les angoisses et subir les assauts chroniques des pathologies agressives. Elle ne sera jamais épargnée par ce destin si cruel. Elle mettra souvent pied à terre et se relèvera à chaque fois que ce foutu ciel lui tombera sur la tête. Les soins lourds et complexes l'épuiseront moralement et physiquement, mais sans cesse le désir de vivre aura raison de cet acharnement du destin.

Nous avons une amazone près de chez nous…

Un soir d'été 2022, à nouveau réunis pour un classique apéritif de saison, autour d'une table chargée comme il se doit chez ce couple de septuagénaires, de victuailles en tous genres, j'évoquais la sortie de mon deuxième livre consacré à mon ancienne profession de secouriste en montagne au sein de la Police nationale. Je développais un argumentaire sur l'intérêt qu'il pourrait susciter chez un lecteur lambda qui ne connaît absolument pas le milieu de la haute montagne lorsque j'émis l'idée, à moins que ce ne soit mon épouse qui en ait parlé, de retracer la vie de

Marlène. En effet, notre maîtresse de maison venait de résumer quelques instants auparavant, en quelques phrases sa vie de femme malade, mais de femme vivante et bien décidée à le rester. Une vie entière consacrée au combat contre les maux et cette capacité à se relever à chaque fois. L'intérêt de raconter son vécu est étroitement lié à son aspect original, nouveau, à sa rareté ainsi qu'à l'attirance qu'il est susceptible de provoquer chez les amateurs d'expériences vécues, sans parler sans doute du plus important, le bénéfice que l'on peut retirer de cette plongée dans ce réel si cruel. Pour le cas de Marlène, le lecteur malade pourrait trouver une aide, un encouragement certain dans la lecture de son récit. Une incitation à ne pas se laisser abattre ou à perdre espoir. Au contraire, il irait de l'avant ; on pourrait déjà considérer ce nouvel état d'esprit comme une première victoire sur la maladie, sur la laideur de l'existence dans ces moments douloureux. Marlène fut séduite par l'idée et accepta sans hésitation le projet. Mais un bémol subsistait tout de même. Elle ne se sentait pas capable d'écrire et avouait redouter l'ampleur du travail que cela représenterait. Je lui assurais alors que je me chargerais du travail d'écriture, mais qu'auparavant, un gros effort de mémoire et de recherches dans sa vie personnelle, privée et presque intime étaient nécessaires. Les bases de notre accord étaient scellées dans leurs généralités. À partir de cet instant précis, alors que le crépitement du foyer de la cheminée accompagnait agréablement notre conversation, mon travail d'auteur amateur débuta inconsciemment avec comme fil conducteur l'hymne à la vie.

Ce projet ambitieux pour ma part nécessitait tout de même une rencontre en tête à tête avec Marlène afin de recueillir un certain nombre d'informations sur sa vie, une existence riche qui s'étale sur près de sept décennies. Le rendez-vous est prévu le samedi 4 février 2023 à dix heures chez elle.

Assis en face de Marlène, mon épais carnet et aux pages encore vierges, prêt à prendre mes notes, je demande à Marlène de me raconter sa vie, toute sa vie, dans son intégralité. Après une respiration profonde, les mains un peu tremblantes et cherchant dans mon regard un encouragement, Marlène plonge dans ses souvenirs et raconte…

Le départ d'Oran, Algérie 1962

Je suis âgée de dix ans lorsque, au printemps 1962, je quitte l'Algérie avec mes parents, ma sœur cadette Chantal et mon neveu. Il y a quelque temps encore, alors que je rentrais à la maison à la sortie de l'école et sans en connaître la raison, je chantais haut et fort « La Marseillaise » dans la rue. Inconsciente des effets qu'une telle démonstration vocale pourrait provoquer dans ce pays au climat politique devenu hostile pour ma famille, je dégageais une énergie débordante de gamine insouciante. Appuyée sur la rambarde de la fenêtre, ma mère, les yeux noirs de colère me criait de me taire. Ce souvenir sera un des rares moments de ma jeunesse qui restera véritablement ancré dans ma mémoire et encore aujourd'hui, lorsque j'y repense, j'ai le sourire aux lèvres et une envie de rire. Nous sommes des milliers à quitter l'Afrique du Nord pour la France. Je ne comprends pas alors toutes les raisons de ce départ précipité, mais je sais et je le ressens au plus profond de moi-même que c'est une nécessité absolue, sans doute même une question de survie. L'histoire abondera alors dans mon sens et ce n'est que bien des années plus tard que je comprendrai les réelles causes des événements qui ont provoqué tant de dégâts et de souffrances. Ce jour restera gravé dans ma mémoire et sera le seul souvenir relativement précis de mon vécu en Algérie que ma mémoire voudra bien préserver. Pour le reste de ma courte existence, seules des bribes de ma vie de collégienne à Sidi Bel Abbès remonteront à la surface et rien de plus. Je n'étais qu'une petite fille comme beaucoup d'autres, insignifiante, transparente sans aucun rêve ni désir particulier, au sein d'une famille très modeste. Chantal ma sœur cadette âgée de quatre ans semblait la plus heureuse et ma sœur aînée venait de s'installer à Marseille. Pour une raison qui m'est encore inconnue, j'ai occulté mes dix premières années d'existence, du jour de ma naissance à Oran jusqu'à aujourd'hui, jour d'exode ; une première vie en quelque sorte, et qui restera presque à jamais dans l'oubli. La deuxième débutera en France, pas meilleure ou plus belle que la précédente, peut-être même pire dans un certain sens.

Debout sur le quai du port d'Oran, nous sommes immobiles comme des statues, trempés de sueur et inquiets, perdus dans l'immensité de cette foule qui s'impatiente pour monter à bord du bateau qui semble déjà saturé de femmes, d'hommes, de vieillards et d'enfants et qui, comme nous, n'ont pas d'autre choix que de fuir le pays. Avec ma sœur, nous sommes littéralement collées à nos parents qui ne nous quittent pas une seconde du regard. Aux abords du quai, les odeurs se mélangent tout comme les bruits de toutes sortes. La tension extrême est palpable et les agents de la police locale semblent nerveux. Depuis le 18 mars dernier, date des accords d'Évian qui ont mis fin à la guerre d'Algérie, le climat politique est extrêmement dangereux et menaçant pour nous les pieds-noirs. La ville d'Oran est une poudrière qui est prête à exploser. Les heures qui passent sont interminables et l'impatience comme la peur envahissent soudainement les esprits. Puis enfin, la foule semble bouger et se diriger vers les rampes d'accès. Sans précipitation ni énervement, des centaines de robots humains montent à bord du navire et prennent place là où il leur semble possible de s'installer. Parfois, de brusques mouvements de foule semblent indiquer que la nervosité est bien présente et que la panique n'est pas loin de montrer le bout de son nez. J'ai l'impression d'étouffer et je tente de rester sur le côté de la file pour respirer l'air chaud qui sent à la fois le pétrole et la transpiration. Avant de poser un pied sur la première marche de la passerelle, je jette un coup d'œil sur ce navire immense et majestueux malgré les circonstances. Sur sa coque élégante de couleur blanche est inscrit son nom : « Kairouan ». Drôle de nom pour un bateau qui navigue dans la méditerranée. Je l'aurais bien vu parcourir l'océan Atlantique au large de côtes bretonnes. Le

Kairouan était sans doute notre sauveur et comme quatre autres de ses congénères, ceux de la Compagnie de navigation mixte, il allait se trouver au cœur du rapatriement des pieds-noirs d'Algérie. Le personnel de bord était très agréable et semblait gérer la tension palpable qui régnait sans partage sur notre île flottante. Tout comme il gérait parfaitement bien le filtrage et l'installation de chaque passager. La patience et la diplomatie étaient de rigueur alors même que certains passagers se montraient excédés pour ne pas dire agressifs quant à la vérification de leurs billets. La passerelle principale permettait en effet d'accéder aux différents ponts du bateau et en fonction de leur situation, le standing était différent. Les ponts supérieurs étant en toute logique, réservés aux personnes les plus fortunées. Ce tri initial prenait donc beaucoup de temps et retardait considérablement le remplissage du paquebot. Les classes sociales les plus aisées n'étaient pas forcément les plus avenantes et le personnel de bord devaient se contenir face caractère difficile de certains passagers habituellement chouchoutés et préservés. Lorsque mon père présenta les billets à un marin en uniforme à l'allure svelte et souriant, ce dernier nous indiqua l'étage inférieur où se situait une grande salle type abri vitré. Comme quatre cent vingt autres passagers, nous étions en quatrième classe. Les trois classes supérieures comptabilisaient neuf cents places, cent vingt pour la première classe, trois cent trente pour la deuxième et quatre cent cinquante pour la classe touriste. Un total de 1374 passagers et 126 membres d'équipage, soit 1500 personnes à bord, la capacité réglementaire. Au vu de la confusion qui régnait dans les coursives, j'avais l'impression qu'il y avait bien plus de monde que prévu. Impression confirmée par un passager qui avait eu vent de l'information. Nous étions en réalité près de mille huit cents à embarquer ce jour-là et d'après cet informateur du moment, visiblement très bien informé, le commandant du Kairouan avait accepté en accord avec la compagnie et l'Armement d'augmenter considérablement la capacité du navire. Face au caractère exceptionnel de ce rapatriement, il avait décidé de faire le maximum pour nous venir en aide, nous les pieds-noirs d'Algérie. L'ambiance presque sereine du début d'embarquement faisait place désormais à une agitation débordante. Dans les couloirs, les gens se bousculaient pour s'empresser de trouver une place ou un coin pour s'y réfugier. Des rumeurs effrayantes circulaient et provoquaient des réactions violentes et disproportionnées. Certains passagers disaient avoir entendu des tirs d'armes à feu non loin du quai, d'autres parlaient de personnes abattues dans les rues, et d'autres encore affirmaient avoir vu des bagages abandonnés sur le quai et même des voitures vides, portières ouvertes, comme si leurs occupants avaient fui précipitamment pour échapper à un destin funeste. Peut-être sont-ils maintenant sur le bateau. La peur avait remplacé l'inquiétude et une solidarité soudaine nous obligeait tous à nous blottir les uns contre les autres sans distinction de classe sociale ou presque et sans nous plaindre de l'inconfort. Désormais, des centaines de personnes habitaient le paquebot dans tous ses recoins et des piles de bagages meublaient son intérieur avec un goût douteux. Les cales du bateau étaient pleines à craquer et son chargement ne faisait plus aucun doute sur la réalité de la situation. Des caisses en tous genres, des cartons, des valises et même des voitures pour les plus chanceux. La fuite sans espoir de retour semblait évidente. Assise à même le sol de la grande salle, collée à ma famille, je regardais cette fourmilière en ébullition. Mes parents avaient eu la chance de prendre possession de deux chaises longues, un confort presque inattendu dans cet espace si confiné. Les passagers des ponts supérieurs avaient sans doute droit à des prestations bien supérieures aux nôtres avec des cabines et toutes les commodités dignes de ce type de navire, mais notre destination était identique pour tous. Nous étions tous dans la même galère. À la tombée de la nuit, la totalité des passagers prévus pour la traversée avait embarqué et une relative accalmie s'empara de ce nouveau monde. Il y avait encore une tension bien palpable, mais nous n'avions pas embarqué pour une croisière touristique. L'élégant paquebot de cent quarante-deux mètres de long vêtu de sa robe blanche s'éloigna délicatement des bords du quai de la ville d'Oran pour se diriger vers le continent français. Son unique cheminée centrale de couleur noire laissait échapper un bouquet de fumées sombres et silencieuses alors qu'il s'éloignait avec grâce d'un pays qui n'était plus le mien. Le calme était revenu et le doux roulis provoqué par une légère houle berçait la plupart d'entre nous et pour certains le sommeil les avait déjà plongés dans leurs rêves d'un monde meilleur. J'ai faim et j'ai soif, mais visiblement ce n'est pas le moment de quémander quoi que ce soit. Mes parents semblent exténués et restent silencieux, muets. La traversée sera longue et fatigante, mais l'espoir d'une vie meilleure fera passer le temps plus vite. Et puis je peux admirer l'immensité de la méditerranée, cette mer qui nous sert de passerelle entre mon ancien et mon nouveau pays. Le Kairouan, qui habituellement était considéré comme un paquebot de luxe avec un confort absolu et une clientèle de circonstance, voguait désormais à vingt-quatre nœuds, chargé comme un train de marchandises dans une course contre la montre qui allait se répéter durant de nombreuses semaines. Car, les journaux publieront bien plus tard des articles sur ce rapatriement exceptionnel auquel participeront durant plus de trois mois de nombreux navires, mettant en avant la témérité et le courage exemplaire des différents commandants de bord et leurs équipages. Le Kairouan effectuera durant cette période et sans interruption trois voyages par semaine sur Alger ou Oran avec une capacité maximale. Un record sera même battu en juin 1962 avec 2600 passagers, soit le double de ce qu'il transportait normalement lorsqu'il était complet. Dix jours avant l'indépendance officielle de l'Algérie, le bateau fut même pris d'assaut par les derniers expatriés tant la tension était extrême et les exactions fréquentes dans le centre-ville d'Oran. Sur le pont du paquebot, la désorganisation était totale et la terreur pouvait se lire sur leurs visages. Pour le coup, je me disais que nous avions eu de la chance. Le bateau semble fendre avec une redoutable efficacité l'élément liquide. Le spectacle est saisissant et d'une rare beauté. Je n'avais jamais vu une mer en réel et en fin de compte cela m'a donné un coup de fouet, une note positive dans ce tableau noir que la vie nous imposait. Malgré la fatigue et la noirceur de ces derniers jours, je retrouvais un semblant de joie de vivre et même une certaine excitation à l'idée de vivre une nouvelle vie. Le visage de mes parents ne reflétait pas exactement le même aspect des choses et les jours et les mois qui suivront leur donneront raison. Après plus de vingt-quatre heures de traversée, nous foulons enfin le sol français et les vérifications interminables des documents d'identité à la douane ne seront alors que le reflet de la réalité du moment, celui du désespoir. Mon optimisme soudain qui s'était manifesté sur le bateau venait d'être balayé en un rien de temps. Les douaniers nous accablaient de leur mépris et nous faisaient parfaitement comprendre que nous n'étions pas les bienvenus. Le changement était brutal, douloureux et la peur ainsi que l'incompréhension se mêlaient à nouveau au sentiment d'injustice. Mon père se rendait-compte de mon désarroi et essayait par tous les moyens de me rassurer. Ma mère ne manifestait aucun sentiment ni à mon égard ni à qui que ce soit d'autre d'ailleurs. Elle semblait ailleurs et elle n'avait pas tort dans un sens. Je me disais alors que c'était sa façon de se protéger du tsunami qui venait de s'abattre sur nous. Je ne comprenais plus rien à ce monde nouveau et j'imaginais mon futur bien triste. Ma jeunesse était atteinte, meurtrie et cette fuite en avant va nous plonger moi et ma famille dans un monde sans ménagement. Nous pouvons enfin rejoindre ma sœur aînée qui nous attendait sur le quai du port de Marseille. Des milliers de familles étaient réunies et leur tristesse mélangée à la fatigue et à l'angoisse rendaient l'atmosphère pesante. Certaines ne savaient pas où se diriger, d'autres attendaient patiemment l'arrivée d'un proche ou d'un ami. Nous sommes démunis de tout et la pauvreté matérielle et psychologique qui viennent de nous frapper de plein fouet, vont considérablement nous affecter. Du jour au lendemain, nous avons tout abandonné. Marseille et le modeste appartement de ma sœur aînée seront notre zone de transit durant quelques jours. Ce séjour qui n'a rien de touristique va nous permettre de prendre la température du moment et de mesurer l'impact immédiat des événements sur le regard que les Français portent sur nous les pieds-noirs. Malgré mon jeune âge, j'étais en capacité à voir et à comprendre certaines choses, et puis j'étais curieuse de tout. Je passais mes journées à observer les gens, à lire les journaux que mon père ramenait chez nous et surtout à écouter les actualités par le biais de la radio qui fonctionnait en permanence. Et les informations que je glanais çà et là m'irritaient au plus haut point. Nous étions les mal-aimés du pays et les critiques émises à notre égard étaient insupportables et terriblement injustes. Je découvrais un nouveau sentiment chez l'être humain, à savoir le racisme exacerbé de la part du peuple français. Et la confusion était totale, en France comme en Algérie. Mon père me raconte que nous autres les rapatriés sommes alors tantôt accusés d'avoir profité des Algériens, tantôt tenus responsables de la mort de nombreux jeunes au combat. Les hôteliers refusent de nous louer des chambres, nos colis sont même pillés et la rumeur grandit sur nos prétendues richesses. Les Français ont cru, majoritairement, que nous allions envahir leur pays et que nous étions des gens très riches. Or, la plupart des Français d'Algérie avaient des revenus bien inférieurs aux salaires pratiqués dans l'hexagone. Certains étaient plombiers, employés de chemin de fer ou encore pêcheurs. Je ne comprenais toujours pas le comportement et les réactions du peuple français. Pourquoi tant de haine ?

L'été 1962 arrivait à grands pas et nous étions désormais installés dans un appartement à Saint-Martin-d'Hères, une commune jouxtant la ville de Grenoble. Ni le climat ni la configuration des lieux n'étaient identiques au paysage de Sidi Bel Abbès, ni même d'ailleurs à ceux de Marseille. Non, c'était vraiment autre chose, excepté peut-être les températures. Il y faisait presque aussi chaud que dans le sud de la France ou le nord de l'Afrique. Je trouvais cet aspect très étonnant avec toutes ces belles et hautes montagnes qui entouraient la ville la plus plate de France. Je languissais l'hiver pour découvrir la région sous la neige et par la même occasion toucher du doigt ce matériau naturel que je ne connaissais pas. En attendant la saison froide, je partais explorer dans un périmètre bien défini par mon père, le quartier Gabriel Péri, une zone plutôt tranquille et où s'étaient installées bon nombre de familles de toutes origines, mais avec un pourcentage d'Italiens et d'Espagnols plus élevé. Notre logement était situé dans un immeuble de huit étages, parallèle à l'avenue Gabriel Péri, à proximité d'un centre commercial et du centre universitaire. Ma mère à la santé fragile ne travaillait pas et mon père avait trouvé un emploi d'ouvrier à la SACER, ce qui malgré le contexte économique nous permettait de survivre. Car les premiers temps, il s'agissait bien de survie et non pas de vie. La cohabitation n'était pas évidente et il m'a fallu une longue période d'adaptation avant de vivre comme une fille de mon âge, c'est-à-dire avec des copines et des copains. Nous ne connaissions bien évidemment personne et seuls les habitants de l'immeuble consentaient de temps à autre à entamer une conversation. À la fin de l'été, j'avais finalement réussi à créer un petit réseau d'amis dont la plupart allaient devenir mes copains de classe à la rentrée prochaine. Retrouver les bancs de l'école me plaisait assez, mais je redoutais la façon dont j'allais être perçue à la fois par mes camarades de classe et par les professeurs. Les actualités parlaient toujours de l'Algérie et des problèmes gravissimes qui s'y produisaient. Le détail des événements décrits par les journalistes donnait froid dans le dos et assis autour de notre table de cuisine en formica, mon père, ma mère, ma petite sœur et moi-même nous nous demandions ce qu'il se serait bien passé si nous avions attendu quelques semaines voire quelques jours de plus avant de quitter notre pays. Le 5 juillet de cette année, soit quelques jours après notre départ, une chasse aux Européens a ensanglanté la ville d'Oran. Pour des milliers de pieds-noirs et leurs descendants, le jour de fête est un jour de deuil. Cette grande ville de la côte occidentale (400 000 habitants) était la seule à majorité européenne pendant la période coloniale. De nombreux pieds-noirs y étaient encore présents au lendemain de l'indépendance. Le drame d'Oran va accélérer l'exode des pieds-noirs vers la métropole et mettre fin à l'espoir d'une cohabitation entre anciens colons et musulmans dans l'Algérie indépendante. Finalement, un million de Français abandonneront tout du jour au lendemain. Le bilan fait état de sept cents morts et disparus. Sur tout le territoire français, on parle de la guerre d'Algérie et même à l'école mes camarades qui n'en sont pas d'ailleurs, disent tout et n'importe quoi et me regardent avec méchanceté. Je le dis sans détour, je ne suis pas heureuse. On me traite de sale pied-noir et je dois me contenter d'une jeunesse amputée de la joie de vivre, pourtant toute légitime à mon âge.

Ce que je ne sais pas encore, c'est que le destin va s'efforcer à ce que je m'engage sur un chemin parsemé d'embûches et d'obstacles en tout genre. Un chemin qui va me conduire durant toute ma vie dans des contrées hostiles. Un véritable chemin de croix. Le destin est là et il va lui mener la vie dure. Durant l'histoire des civilisations, les dieux se sont souvent acharnés sur l'homme, pour le mettre à l'épreuve ou tout simplement pour le punir d'un quelconque péché. Les siècles passent et l'histoire se répète. Certains abandonneront sous le poids des malheurs et des difficultés, d'autres se battront avec rage et ténacité. Peu importe l'armure qu'ils endosseront, qu'elle soit en acier ou spirituelle, ils feront face jusqu'au bout.

Ce que je viens de vivre ces derniers mois n'est que le vernis qui masque la réalité. Une fois retiré, la vie va me montrer toutes ses laideurs. Mais je sais au plus profond de mon être que je surmonterai tous ses assauts.

Fracture de la mâchoire

Mon premier combat prendra les traits d'un évènement banal et sans grande originalité, mais qui constituera le premier assaut du destin dans une liste qui aujourd'hui encore n'est pas close. La tuile au dossard numéro un vient de tomber et va ouvrir la première page de mon dossier médical. Il faut bien un début à tout et le destin a été plutôt sympathique pour débuter les hostilités. Cela fait maintenant quatre ans que je vis à Saint Martin d'Hères une commune jouxtant l'agglomération grenobloise. Mon père travaille toujours au sein de l'entreprise SACER et ma mère reste au foyer. Les souvenirs de l'Algérie sont encore bien présents dans mon esprit, mais le temps qui passe agit comme un pansement et comme toute jeune fille de mon âge, je crée mon univers d'adolescente et tente ainsi de vivre normalement. En dehors du milieu scolaire, et âgée alors de quatorze ans au printemps 1966, je me plais à passer mes moments de temps libre en compagnie de camarades et notamment d'un copain que je retrouve régulièrement au pied de l'immeuble, lieu de rendez-vous de tous les jeunes du quartier. Ce jeune garçon possède un cyclomoteur de la marque Motobécane, le modèle communément appelé Mobylette pour être précis, un luxe pour un gamin de l'époque vivant dans les zones réservées aux ouvriers. J'apprécie la compagnie du couple garçon-mob et en ce beau jeudi de printemps, je me retrouve assise sur la large selle en simili cuir, prête à tourner avec vigueur la poignée des gaz. Sans attendre la fin des explications de mon copain concernant la conduite du cyclomoteur, je me laisse transporter avec excitation par l'engin. Je l'avais observé à plusieurs reprises et j'avais mémorisé la procédure de mise en route ; en tout cas l'essentiel du mode d'emploi pour ce qui était de la mécanique. En revanche, pour la partie conduite, je me fiais à mon instinct de pilote novice. Et me voilà partie sous le regard perplexe des jeunes du quartier ainsi que de son propriétaire qui semblait soudainement regretter de m'avoir laissé sa monture. Ne voulant pas trop m'éloigner du secteur, je me bornais à tourner autour de l'immeuble comme un pilote traçant sa route sur un circuit fermé. J'effectuais les deux premiers tours à vitesse lente et petit à petit j'essorais davantage la poignée droite. Entre l'odeur de l'essence, le bruit caractéristique du petit moteur et la sensation de vitesse, j'étais excitée, presque euphorique. Prenant tout naturellement de l'assurance au fil des tours, cheveux au vent, sans casque bien entendu, je fonçais dans les lignes droites et freinais dans les virages sans trop me soucier du public. C'est alors qu'en sortie de courbe après avoir contourné le côté sud du bâtiment, je me retrouve nez à nez avec une petite fille qui traversait la chaussée. Surprise par cette apparition soudaine, je n'ai pas eu d'autre réflexe que de changer de trajectoire en tentant malgré tout de freiner, et de percuter violemment le mur de l'immeuble sous les cris non pas d'acclamation, mais d'horreur des spectateurs impuissants. Le choc fut violent et je pleurais de douleurs. Allongée sur le sol bitumeux, la Mobylette encore fumante à mes côtés, je me tenais le visage déjà tuméfié avec des plaies sanguinolentes. La course était stoppée définitivement. Mon copain examinait son engin avec précision et évaluait l'étendue des dégâts. Il paraissait abattu sans toutefois me reprocher quoique ce soit. Les secours furent immédiatement alertés et c'est en ambulance que j'ai rejoint l'hôpital Sud de Grenoble. Le bilan était sans appel, fracture du maxillaire gauche et de belles contusions sur le visage ainsi que sur les membres supérieurs et inférieurs. La petite fille qui avait malencontreusement perturbé mon pilotage ne s'est jamais rendue-compte du danger qu'elle venait de courir, c'était un point positif. Ce premier accident d'une vie ordinaire restera ma première expérience avec le monde de la santé, sans doute le plus agréable malgré tout pour une jeune femme qui ne sait pas encore que le destin lui réserve d'autres épreuves bien plus terribles. Je me souviens encore avoir vu mon père qui avait été prévenu par des voisins, me réprimander avec véhémence tout en me donnant avec une certaine retenue des coups de pied sur mon fessier. Il parlait fort et me faisait remarquer que je serais obligée de travailler pour payer les réparations de la mobylette. Bien évidemment, je ne répondais rien, mais mon silence valait une acceptation. Et quand bien même j'aurais voulu lui répondre, je ne pouvais pas tant ma douleur à la mâchoire était terrible. Mon père était sévère, mais je pense sincèrement qu'il nous aimait mes sœurs et moi. Ma mère, c'était différent. Elle ne nous a jamais témoigné un amour débordant. Les semaines qui suivirent cet épisode acrobatique furent douloureuses physiquement et compliquées psychologiquement. Au collège Fernand Léger, mes camarades me fixaient du regard comme si j'étais un monstre, ce qui n'était pas tout à fait faux. J'avais encore les stigmates de mes blessures au visage et je parlais très peu ou du moins difficilement. J'ai même soupçonné un certain temps le plaisir que certains devaient éprouver lorsque je me retrouvais dans leur axe de vision. La pied-noir a désormais le visage noir également ou plutôt bleu foncé. Mais peut-être que je me fais un film. Après tout, la guerre d'Algérie est déjà loin ou presque. Le temps a finalement lissé toutes ces protubérances du corps et de l'esprit. À la maison, ma vie n'est pas rose et les tracas quotidiens au sein de ma famille ne font qu'aggraver les relations entre nous. Ma mère est souvent malade et sa fatigue récurrente l'empêche de s'occuper à la fois de l'appartement et de nous. Mon père travaille beaucoup et lorsqu'il rentre du travail il n'est guère disposé à passer du temps avec ses filles. Chacun vit un peu de son côté, en essayant de se préserver. Moi aussi je ne suis pas en grande forme et fréquemment j'éprouve des difficultés à respirer correctement et normalement. Je suis vite essoufflée sans aucune raison apparente d'ailleurs. Parfois, je me mets à angoisser, j'ai peur qu'il m'arrive quelque chose. Quoi, je ne sais pas. Il est dit que les petits problèmes en entraînent d'autres qui en attirent des plus gros et ainsi de suite. C'est l'effet boule de neige paraît-il ou bien est-ce la loi de Murphy, je ne sais plus. Les vacances d'été seront pour moi l'occasion de me reposer et de déambuler dans les rues des vieux quartiers de Grenoble. Mon cercle d'amis s'est agrandi et ma mâchoire ne me fait plus souffrir. Finalement, entre les moments passés à l'extérieur et ceux consacrés aux tâches ménagères pour aider mon père sans oublier ma petite sœur qui n'a que huit ans, les journées défilaient à un rythme soutenu. Je ne sais pas si le terme vacances scolaires était vraiment approprié, mais une chose était sûre, je n'allais plus au lycée et je n'avais plus de travail scolaire à réaliser.

Les grands changements

Nous sommes en 1967 lorsque ma mère qui a enchaîné les soucis de santé lâche prise et n'est plus en capacité à faire quoique ce soit. Le médecin l'envoie en maison de repos pour de longues semaines, voire plusieurs mois. Je me retrouve alors seule avec mon père à la maison et les jours passent dans une atmosphère dénuée de gaieté et de joie. Il a changé de travail et désormais est employé dans le centre commercial RECORD tout près de chez nous. J'ai 15 ans et je vis comme une vieille personne ou presque. Un jour, n'en pouvant plus, mon père m'expédie chez les sœurs pensant que j'aurais une éducation et un cadre de vie dignes de ce nom et peut-être également une certaine tranquillité. Mon séjour va durer six longs mois, dans un nouveau monde pour ne pas dire une nouvelle planète. Un couvent situé à Saint-Martin-d'Hères et gouverné par des religieuses à fort caractère. J'en garde un mauvais souvenir, mais je n'avais pas mon mot à dire. Le monde religieux n'était pas fait pour moi et à peine arrivée avec ma valise qui avait traversé la méditerranée quatre années auparavant, je pensais déjà à mon retour sur terre. À cet instant, juste avant de franchir le seuil du bâtiment catholique, je suis une jeune fille de quinze ans en pleine crise d'adolescence qui vit dans un climat familial difficile, ou plutôt compliqué. D'un côté une mère absente et fragile en maison de repos et de l'autre un père travailleur, mais perdu ou dépassé par les évènements. Au milieu trois filles éparpillées physiquement et psychologiquement. L'aînée dans le nord du pays, la cadette trop petite pour comprendre quoi que ce soit ou tout au moins incapable d'analyser ce qui se passe exactement et moi en plein voyage dans le temps. Un voyage avec un aller simple pour le moment et pour une destination spirituelle visiblement. Pour une escapade touristique, je vais devoir attendre encore un certain temps. Je suis seule avec mes camarades d'internat. Uniquement des filles, entourées, encadrées et très surveillées par des sœurs pour lesquelles je ne parviens pas à comprendre leur choix d'entrer dans les ordres. Pour une adolescente comme moi, c'est une énigme qui le restera fort longtemps. Ce couvent renferme donc un monde de femmes, mais qui n'a rien de féminin. Dans les années soixante, l'internat n'était pas un lieu particulièrement agréable à vivre, mais une scolarité chez des religieuses encore moins. La discipline de fer était de rigueur avec des règles strictes dans tous les domaines et en tous lieux du couvent. Un vrai diktat pour enfants. Les règlements divers et variés se devaient d'être suivis sous peine de punitions toutes aussi diverses et variées durant les cours, mais aussi pendant les repas ainsi que durant les récréations ou tout autre moment de repos pour ne pas dire de répit. Même dans les dortoirs, il fallait être discrètes et silencieuses. La surveillante-chef était partout en même temps comme si elle avait été clonée en plusieurs exemplaires. Nous parvenions toutefois à nous octroyer des instants de liberté vocale en nous cachant dans un recoin du bâtiment ou en profitant d'une absence de la sœur-chef pour bavarder de tout et de rien, en nous esclaffant parfois, et nous plonger dans notre monde d'adolescente. Mais très souvent, nos éclats de rire non contrôlés nous trahissaient et nous nous retrouvions devant le tribunal religieux pour écouter le verdict du procès. Aujourd'hui, je nommerais ce moment précis une comparution immédiate. Généralement, la sentence était malgré tout clémente, des réprimandes, un rappel du règlement et exceptionnellement des corvées de ménage. Cette chappe religieuse n'était pas près de se fissurer et je ne parvenais pas à m'intégrer totalement dans cet environnement hermétique dans lequel seules les valeurs de la religion nous étaient inculquées. Je me disais déjà à cette époque qu'il y avait réellement un manque de cohérence entre l'église et le monde réel. Je ne supportais plus ce milieu et après six mois de survie psychologique, ma sœur aînée qui était informée de mon inadaptation chronique est venue me chercher, non pas pour me ramener chez mon père, mais pour me garder chez elle à Lille. Me voilà donc partie pour de nouvelles aventures dans une région qui m'est totalement inconnue, même à travers les livres de géographie ou d'histoire. Je vais alors rester presque une année entière dans cette magnifique ville et apprendre à la connaître et à l'apprécier. Ma sœur sera mon guide touristique au début de ma vie lilloise puis par la suite je découvrirai par moi-même les endroits sympathiques pour les jeunes de mon âge ainsi que tous les lieux incontournables qui font la fierté de cette ville. Cette ville imposante qui est une ancienne cité médiévale est véritablement ensorceleuse. Elle regorge de monuments historiques dont certains font référence à la capitale française comme la Porte de Paris ou encore la cathédrale Notre-Dame. Proche de la Belgique et de la Hollande, la population est un véritable mélange des genres et des coutumes. J'étais enchantée et sous son charme. Entre le monde des religieuses et la vieille ville de la cité du Nord, il n'y a de commun que l'architecture des bâtiments. Pour le reste, il y a un fossé pour ne pas dire un univers qui les sépare. Et l'univers me convient mieux. Je suis une vraie globetrotteuse en perdition. À mon retour à la maison en 1968, tout semble normal chez mes parents qui ont retrouvé une vie de couple et de parents. Ma mère est rentrée quelques jours avant moi et arbore un visage reposé, presque souriant. Les Jeux olympiques d'hiver de Grenoble qui viennent de se terminer ont mis la ville sur le devant de la scène internationale et le drapeau tricolore a fait des merveilles. Quoi demander de plus. Toute la région s'est transformée, le réseau routier s'est développé et les immeubles ont poussé comme des champignons. Un vent de bien-être a soufflé sur les montagnes de Belledonne, du Vercors et de l'Oisans. Les skieurs français et notamment le héros national Jean-Claude Killy ont fait honneur à leur pays et tout le monde est ravi. Je serais tentée de dire que depuis notre arrivée en France en 1962, c'est la première fois que je vois une population joyeuse et heureuse de vivre, semble-t-il. Du coup, je me sens mieux moi aussi et malgré des périodes de fatigue inexpliquée j'ai pu terminer mon année de seconde à peu près normalement. Je retrouve une région qui me semble plus belle et vivante. Sans doute, les olympiades ont leur part de responsabilité dans la métamorphose de la ville de Grenoble et de ses environs. Je suis impressionnée par tous ces changements et j'avoue caresser l'espoir de visiter ces stations de ski qui offrent désormais des infrastructures propices à la pratique des différentes disciplines hivernales. Et pourquoi pas m'initier à l'une d'entre elles comme le ski alpin. En attendant, l'ambiance olympique plane encore sur le Dauphiné tout entier et on parlera sans doute durant des décennies de ces treize journées de février 1968. Je ne sais pas pourquoi, mais je me suis dit que finalement, un militaire, le général de Gaulle, président de la République, avait réussi un pari fou, celui de réunir l'espace de petites semaines tout un peuple qui n'était pas forcément entièrement acquis à sa cause. Le six février, dans un stade spécialement construit pour l'occasion, devant 60 000 spectateurs, il a proclamé les deuxièmes Jeux olympiques d'hiver de la France, après ceux de Chamonix en 1924 avec une prestance incroyable. Politiquement, il a gagné une belle bataille et pour un ancien militaire de haut rang, ce n'est pas rien. Mais le héros de ces jeux, c'est bien « 'Shuss » la mascotte de ces olympiades que l'on verra partout dans le pays et même au-delà de nos frontières. Ce petit skieur à la grosse tête ronde et skis aux pieds restera l'emblème immortel de Grenoble 1968. Et grâce à la retransmission télévisée en mondovision, ce qui était une première techniquement parlant, il est même devenu une vedette internationale. Cette période était vraiment une belle réussite et j'espérais qu'elle serait le début d'une vie agréable pour tout le monde. Et puis j'ai le souvenir d'avoir appris beaucoup de choses en très peu de temps. Sur la ville de Grenoble, mais également sur les stations de ski et sur l'économie d'une région. Sans parler du monde du sport hivernal pour lequel je ne connaissais que la discipline du ski sur piste. Pour les autres pratiques comme la luge d'hiver, le bobsleigh, le patinage de vitesse, ou le saut à ski, je les ai découvertes durant les Jeux olympiques. Comme quoi, malgré une scolarité décousue, on peut tout de même acquérir des connaissances en dehors du système scolaire. C'est bon pour le moral.

Première opération du cœur

Je suis âgée de 17 ans lorsqu'un jour, je ne me sens pas vraiment bien. J'ai un mal de gorge accompagné d'une grande fatigue. Ma mère ne s'inquiète pas outre mesure, mais en me voyant insister sur mon état et constatant que j'ai de la fièvre ainsi que des difficultés à avaler, elle finit par m'emmener chez un médecin. Ce dernier diagnostique une simple angine et me propose un traitement adéquat en apparence. Il y a quelques mois en arrière j'avais déjà eu une angine dont le traitement n'avait pas été vraiment efficace. Les jours passent et mon état de santé ne s'améliore guère. Il y a même un nouveau symptôme qui fait son apparition. Je suis vraiment essoufflée, plus que d'habitude alors même que je ne fais pas d'efforts particuliers. L'inquiétude grandit au sein de la famille et ma sœur aînée va insister auprès de mes parents pour consulter un autre médecin. Du médecin généraliste, je vais passer au spécialiste et les examens plus poussés vont montrer que je souffre d'un rétrécissement mitral. Le verdict est tombé brutalement et la conclusion du médecin est sans appel. Il faut opérer le cœur. Je suis sous le choc tout comme mes parents qui semblent totalement perdus. Le cardiologue leur explique alors ce qu'est un rétrécissement mitral et la façon de le traiter. Ils sont assis et calés sur leur chaise, leurs mains sur les cuisses et le visage décomposé. Moi je suis assise entre eux et je suis incapable de contrôler les mouvements saccadés de mes doigts qui tentent des positionnements improbables. L'homme de sciences présente alors son exposé après s'être confortablement installé sur son fauteuil de cuir qui n'était plus tout jeune.

— C'est la plus fréquente des valvulopathies et elle s'observe le plus souvent chez la femme. Il s'agit de la diminution permanente du calibre de l'orifice mitral qui permet le passage de l'oreillette gauche vers le ventricule gauche du sang oxygéné venant des poumons. Lors de l'examen, le médecin retrouve le souffle à l'auscultation du cœur du patient. Ce souffle de rétrécissement mitral est suffisamment caractéristique pour faire le diagnostic. Il s'agit d'un souffle permanent apparaissant lors du remplissage du cœur. Il ressemble à un bruit de roulement, de timbre grave et grondant, durant toute la phase de remplissage du cœur. Il décroît progressivement avant de connaître un renforcement !

Je n'écoute plus le médecin depuis longtemps, d'ailleurs je ne comprends pas vraiment tous ces mots complexes qui n'ont rien de sympathique. Ils me font même peur et provoquent chez moi une angoisse indescriptible. Mon cerveau ne permet pas de déchiffrer ce langage technique et de démêler ces pelotes d'informations médicales. Mes parents sont dans le même état psychologique et semblent totalement ailleurs. Je me dis qu'à mon âge, ce n'est pas normal et qu'il y a peut-être une erreur dans les résultats des examens. Et puis les propos du professionnel de santé revenaient au galop, sans aucune hésitation comme pour asseoir ses certitudes et ôter définitivement tout doute éventuel quant à l'interprétation des résultats d'examens. De son point de vue, il est probable que cette pathologie est la conséquence d'une angine mal soignée. Je devais me rendre à l'évidence, c'est-à-dire accepter l'unique solution qui est celle de l'opération avec tous les risques qu'elle comporte. Le destin venait de se manifester bien cruellement. La deuxième tuile au dossard numéro 2 venait de me tomber sur ma tête fragile et je n'avais pas 18 ans. Le retour à la maison se fera dans un silence total. Dans ma chambre, allongée sur mon lit, j'observe avec attention chaque objet présent autour de moi, les photos de famille posées sur ma commode, mes livres de classe empilés en désordre sur son bureau, mes vêtements mal rangés. En fait, je pense que je ne vais pas m'en sortir et la peur me saisit brutalement. Jusqu'au jour de l'intervention, ma vie va s'apparenter à un cauchemar qui ne me quittera plus. Je ne mange presque pas et ne vois quasiment plus personne. De ma fenêtre je peux voir la clinique Belledonne située juste en face et dont le service de cardiologie est réputé, paraît-il. Je vais peut-être me retrouver très bientôt dans une de ces chambres… ou pas. Le bâtiment est très récent et plus esthétique que l'hôpital de La Tronche où j'ai passé mes examens. L'intervention est prévue pour la fin juin, juste avant le début des vacances d'été. Un été 1969 qui s'annonce chaud s'écrie un commentateur radio. La piscine avec les copines ou les balades en ville seront de toute manière absentes de mon agenda. Mon père frappe à la porte et entre presque à pas feutrés. Il me demande comment je me sens, mais il peut lire dans mes yeux avant même que je lui réponde, que je ne suis pas dans une forme olympique. Il tente de me rassurer et m'assure qu'une fois que tout sera terminé je serai en pleine forme. Les chirurgiens auront réparé mon cœur tout comme lui lorsqu'il répare les moteurs de voitures. Les pièces défectueuses auront été remplacées et je pourrai repartir sans aucun problème. Je le regarde avec un léger sourire et lui réponds calmement :

— Je peux mourir, je n'ai pas d'enfant !

Dans le service de chirurgie cardiaque, un silence étonnant régnait alors que bon nombre de personnes allaient et venaient dans diverses directions, à vive allure pour certaines. Nous étions dans l'enceinte de l'hôpital de La Tronche, une bâtisse ancienne toute proche du centre-ville de Grenoble et au bord de l'Isère, cette rivière qui chemine tel un reptile géant aux abords de la grande ville. Le quartier est très agréable et très animé sur les quais en cette saison. Je l'ai fréquenté à quelques reprises avec des copains et j'en ai toujours gardé d'excellents souvenirs. Aujourd'hui, je ne sais pas si j'aurais l'occasion d'y retourner, je l'espère, car cela voudra dire que je suis toujours de ce monde. Un homme d'une cinquantaine d'années en blouse blanche s'avança vers nous, souriant et au regard sympathique. Il se présenta et nous proposa de le suivre jusqu'à son bureau. Il y avait encore un certain nombre de documents administratifs à remplir ce qui prit du temps et augmentait par la même occasion mon stress. Finalement, maintenant que j'étais là, je voulais en finir au plus vite. Après un au revoir pénible à mes parents, une aide-soignante m'installa dans une chambre. En scrutant les murs jaunis et le petit mobilier d'un autre temps, je me disais presque avec sourire que mon dortoir chez les nonnes était plus gai. Seule la vue sur l'extérieur valait le coup d'œil. De la fenêtre je pouvais en effet observer la montagne toute proche, le mont Rachais tout en haut et La Bastille plus bas. Les pentes boisées de la partie sud du massif de la Chartreuse venaient alors se blottir contre les maisons du quartier Saint-Laurent, construites au bord de l'Isère. Un quartier qui fait partie du patrimoine industriel de Grenoble fort apprécié des Grenoblois. Plusieurs ponts ou passerelles enjambant la rivière permettent de se rendre dans la vieille ville ou le centre-ville. De ma chambre d'hôpital, je ne vois pas l'Isère qui me sépare de la montagne, mais je la devine et la ressens. Je ne sais pas pourquoi, mais l'élément naturel comme le rocher, le végétal ou l'eau me font du bien. Alors en attendant que mon cœur soit trituré, j'ouvre la fenêtre et je respire profondément pour m'imprégner de cette nature. En espérant que ça ne sera pas mon dernier souffle. Mon repas du soir sera monacal, mais l'ambiance l'était tout autant.

Le réveil fut douloureux et terriblement angoissant. Visiblement, l'opération s'était bien passée et j'étais vivante. Je n'avais plus la notion de l'heure ni même du jour, mais j'étais encore de ce monde et cela me plaisait énormément. Le chirurgien me rendit visite très rapidement et me confirma que l'intervention s'était déroulée dans de bonnes conditions, mais que mon rétablissement prendrait des mois. Il m'expliqua en quelques mots les gestes qu'il avait réalisés et cela me faisait froid dans le dos. Après avoir ouvert le côté gauche de mon thorax sous ma poitrine sur une grande longueur, il avait coupé entre l'aorte et le ventricule. Je ne voulais pas en savoir davantage et alors que je regardais l'énorme pansement il rajouta que j'aurais une belle et longue cicatrice horizontale. Tout mon corps me faisait mal, mais c'était parfaitement normal. Avec un air plutôt satisfait, il m'assura qu'à mon âge, la récupération serait plus rapide. À 17 ans, j'étais la plus jeune patiente de son service. J'étais extrêmement fatiguée et les trois semaines durant lesquelles je suis restée m'ont paru durer une éternité d'autant plus que quelques jours après l'opération, tous mes points de suture avaient sauté, à la suite de complications. Un vent de panique avait alors soufflé dans le service et j'avais dû retourner au bloc pour le deuxième service. Le corps médical ne m'avait pas tout dit, ni à mes parents d'ailleurs, mais visiblement j'étais passée près de la catastrophe, mais mon corps avait beaucoup de ressources et s'était refusé à abdiquer. J'en étais ravie. En toute logique, mon séjour avait été rallongé et il fallait bien ce bonus pour espérer quitter cet endroit froid et particulièrement laid. Respirer normalement et faire un minimum d'exercice comme marcher par exemple nécessitaient des efforts que je qualifiais de surhumains, mais que je m'attachais à produire sans aucun reproche à qui que ce soit, sauf au destin peut-être. Toutefois, je me sentais relativement bien et à ma sortie j'avais retrouvé du poil de la bête sous un soleil radieux. Mon travail de rééducation allait pouvoir débuter à la maison de repos de Saint-Hilaire. Trois mois en pension complète et un programme d'exercices en tout genre, digne d'un athlète de haut niveau. Et comme à l'hôpital, j'étais la plus jeune. La douleur était quotidienne et mon moral en prenait un sacré coup lorsque certains mouvements me faisaient crier ou pleurer. J'avais l'impression de ne pas progresser, surtout les premiers jours, mais petit à petit les résultats devenaient acceptables puis vraiment encourageants. Le centre de rééducation était situé sur les flancs est du massif de la Chartreuse, face au splendide massif de Belledonne. J'avais donc un environnement propice à l'amélioration.

J'ai 17 ans et je veux vivre…

Renaissance

Mes trois mois de rééducation m'ont remise sur pieds et j'ai l'impression de revivre encore une fois. La famille est à nouveau réunie et l'hiver approche tout doucement. Je ne retournerai plus au lycée. Je veux rentrer dans la vie active et repartir sur de nouvelles bases. Sans aucun diplôme ni formation particulière, je me mets en quête d'un travail. En 1969, je ne suis pas encore majeure, mais je peux travailler. Mes recherches deviendront vite fructueuses et c'est en tant que vendeuse en produits de décoration en tout genre que je débuterai mon cursus professionnel. Le petit commerce situé dans le centre-ville de Grenoble semble régulièrement fréquenté avec une clientèle fidélisée ce qui me permet de faire la connaissance de personnes sympathiques avec qui au fil des mois des liens proches de l'amitié se tissent pour mon plus grand plaisir. Cette nouvelle vie me plaît et me redonne une certaine vitalité. Mon corps respire plutôt bien et semble se restaurer rapidement, même si les stigmates des traumatismes liés à l'opération sont encore bien présents. La longue et impressionnante cicatrice sous mon sein gauche n'est pas des plus agréables à regarder, mais elle représente le symbole d'une certaine renaissance. Elle fait désormais partie de mon corps, de mon patrimoine physique et elle est là pour me rappeler que j'aurais pu ne plus être de ce monde il y a encore quelques mois. J'ai un corps meurtri, mais toujours bien vivant. Les mois passent sans encombre, je suis heureuse d'autant plus qu'il y a quelque temps j'ai rencontré un jeune homme avec qui j'envisage un avenir prometteur et rassurant. Je travaillais encore dans le magasin de décorations lorsque j'ai fait sa connaissance. Nous nous sommes tout de suite plu et désormais nous vivons ensemble dans un petit appartement à Grenoble. Cette année 1972 sera une année capitale et positive puisque je me suis mariée avec Robert. J'ai quitté le magasin de décoration après presque un an de présence et désormais je travaille dans l'enseigne K-store comme vendeuse dans une bijouterie. J'ai vingt ans, je suis mariée et j'ai un travail. Robert est quant à lui imprimeur et tous les deux nous vivons en parfaite harmonie. Une vie simple, mais belle. Nous avons même déménagé pour un logement un peu plus grand sans doute pour finaliser un beau projet qui se promène dans nos esprits depuis peu de temps. Tout semble nous réussir pour le moment et je perçois cet aspect positif de la vie comme une récompense du destin qui ne m'a pas épargnée au début de mon existence. Et lorsque tout va bien, le temps semble passer nettement plus vite et c'est à peine si je réalise que cela fait déjà deux ans que je travaille à la bijouterie. Mais je vais devoir interrompre mon activité, car mon état de santé ne me permet plus de la poursuivre. Mais cette fois-ci, mon corps ne me trahit pas. Au contraire, il a embelli mon enveloppe corporelle durant près de neuf mois et dans très peu de temps, je vais mettre au monde un bébé. Caroline est née en 1974 et nous comble de joie. Je suis très fatiguée et j'ai du mal à récupérer, mais je suis heureuse et la vie me semble belle et reconnaissante.

Été 1975
Nouveau coup du sort

Avec Robert et notre fille Caroline âgée d'à peine un an, nous profitons de quelques jours de vacances dans le sud de la France sur la commune des Issambres. Un lieu magnifique au bord de la mer Méditerranée avec ses criques, ses plages discrètes et ses odeurs de pins qui embaument la région. J'adore cette région et je trouve le nom « Les Issambres » très joli. Il paraît qu'il veut dire « lei Sambro » en provençal qui signifie « Creux du Rocher ». D'autres origines semblent être évoquées avec une connotation paysanne ou historique, mais je préfère la première qui fait référence au minéral. Je ne sais pas pourquoi, mais j'ai toujours eu une attirance pour la roche, la pierre sous toutes ses formes. D'ailleurs, si je travaille dans une bijouterie, ce n'est peut-être pas un hasard. Lorsque le soleil est moins agressif, nous en profitons pour aller nous promener sur le petit port de San Peire. C'est un endroit calme malgré la présence de centaines de bateaux amarrés dans un ordre parfait. Seuls les câbles métalliques qui grimpent le long des mâts et contre lesquels ils émettent de petits claquements secs et aigus sous l'effet de la brise marine créent une musique d'ambiance. Depuis quelques semaines, je suis très fatiguée et je ne comprends pas pourquoi. Des plaques de couleur rouge sont apparues derrière les oreilles ainsi que sur le cou. Leur aspect m'inquiète et je sens au fond de moi que quelque chose ne va pas. Ce n'est pas normal et à nouveau une certaine angoisse s'empare de moi. Je me rends alors dans une pharmacie et le professionnel de santé ne me rassure pas vraiment. Il me conseille de consulter mon médecin assez rapidement. Mon moral pourtant au beau fixe ou presque jusque-là vient d'en prendre un coup et c'est avec une appréhension que je n'arrive pas à contrôler, que nous rentrons à Grenoble. Notre séjour aux Issambres aura été court, seulement quelques jours, mais je me dis que quoiqu'il puisse m'arriver, j'aurais au moins pu profiter de ma famille. Ce changement d'air m'aura été malgré tout profitable. Mon médecin pense à un lupus, une sorte de maladie chronique auto-immune qui se manifeste par des symptômes cutanés et/ou articulatoires. Il me dirige alors vers un service de médecine spécialisé avec une nouvelle série d'examens à la clé. Me voilà de retour à l'hôpital où je vais être la proie d'une multitude d'analyses. Les résultats tombent comme une tuile que l'on se prend en pleine figure, encore une que le destin me jette pour une raison que j'ignore encore. Je suis atteinte d'un Lupus érythémateux. Une maladie incurable, mais que la médecine tente de soigner avec divers traitements dont je vais être le cobaye tout désigné. Cette maladie résulte d'une anomalie biologique, caractérisée par la présence d'anticorps antinucléaires qui se retournent contre les cellules de l'ADN. En clair, ce n'est vraiment pas un cadeau du ciel et je vais m'en rendre-compte très rapidement. Sans plus attendre, les protocoles débutent et mon moral redescend dans les oubliettes de mon cerveau. Quatre années de tranquillité ou presque, c'est tout ce que j'ai pu obtenir du destin après mon opération du cœur. D'une santé déjà bien précaire malgré tout, je vais devoir encore affronter ce lupus dont rien que le nom, d'une laideur absolue, me rend plus qu'irascible. Une nouvelle fois, je me pose la question, pourquoi moi ? Jusqu'à présent, j'étais bien et heureuse. Alors pourquoi cela devrait-il changer ? Je ne suis pas maître de mon destin, mais je peux lui résister et l'empêcher de me nuire ainsi par vagues successives. Ma courte existence m'a appris que j'ai des ressources innées et que face à l'adversité sous toutes ses formes, je peux me battre. Je vais prendre des coups certes, mais je vais également en donner, pour moi et pour ma fille. Au premier round de ce nouveau combat je vais être mise KO sans plus tarder. En effet, quelque temps après le début d'un traitement agressif et pénible, j'ai soudainement perdu tous mes cheveux et mes sourcils. Un choc terrible pour moi, une destruction de mon corps avec toutes les séquelles psychologiques qui surviennent comme une nuée de sauterelles sur un champ de blé. Et comme si cela ne suffisait pas, cette disparition de mon système capillaire et pileux est définitive, comme me le confirmera le corps médical. J'ai alors 23 ans et je suis chauve, malade et moche. Mon univers s'écroule et je perds pied dans un premier temps. Et du temps il va m'en falloir pour résister, subir, avancer et renaître à nouveau. Les résultats espérés du traitement initial ne sont pas vraiment concluants et mon état de fatigue ne s'est pas amélioré. Je pars donc à Paris pour consulter de nouveaux médecins et tenter d'avoir une nouvelle approche de la maladie. Je n'ai toujours pas encaissé les séquelles physiques et le port de perruques n'est pas très glamour. Lorsque je me regarde devant un miroir, nue de la tête aux pieds, je pleure et j'ai l'impression d'être un soldat qui rentre du champ de bataille. La peau abîmée, le crâne lisse comme un œuf et une cicatrice digne d'un chevalier blessé par une lame d'acier, et mon regard vide. Au début du vingtième siècle, j'aurais eu du succès à la foire du trône comme monstre vivant. L'été 1975 aura été très chaud et les mois qui ont suivi très éprouvants. À mon retour de Paris, les semaines se sont succédé avec des complications liées aux différents traitements. Les périodes de répit ont alterné avec des périodes de fatigue intense et ce n'est que bien plus tard que mon corps et mon esprit ont bien voulu reprendre un chemin moins tortueux. Durant les cinq années qui ont suivi, j'ai exercé plusieurs petits « jobs » comme vendeuse essentiellement. Je me suis mise également à occuper mon temps de libre en pratiquant des activités qui m'étaient jusqu'alors difficiles d'accès, soit parce que je n'étais pas dans un état de santé suffisant, soit parce que ma fille était encore trop petite pour me laisser le répit nécessaire. J'ai tout d'abord fréquenté un club de gymnastique, histoire de remodeler un corps qui en avait bien besoin et de rencontrer des gens afin de créer un tissu social bien absent jusqu'à présent. Cela me faisait du bien et j'aimais cette discipline. La lecture et la musique faisaient également partie de mes centres d'intérêt. En réalité, je m'intéressais à beaucoup de choses et je voulais aller de l'avant, bouger, évoluer, grandir et retrouver un réel équilibre. J'ai eu ma période danse également, avec à la clé, un effet plutôt positif sur ma condition physique. Je remontais la pente au fil des mois et je dépensais toute l'énergie dont je disposais pour rester à la surface. Jusqu'en 1980, tout allait pour le mieux, si tant est que l'on puisse parler de mieux dans mon cas. Mes cheveux étaient toujours absents du paysage, ma fatigue faisait des apparitions régulières et inopinées, et mon carnet d'adresses dédié uniquement au monde médical était aussi épais que le portefeuille d'un milliardaire. Les traitements divers et variés ajoutés aux nombreux examens en tout genre faisaient partie intégrante de mon quotidien ou presque.

1980
Cancer numéro 1

Par une belle journée de fin d'automne, je lisais un roman, tranquillement installée sur mon balcon face aux montagnes de la chaîne de Belledonne. Les sommets déjà bien enneigés donnaient l'impression d'être infiniment hauts et sauvages. Je remarque alors sur mon mollet gauche une tache brune à l'aspect douteux. Je ne l'avais pas remarquée jusqu'à présent, comme si elle était apparue subrepticement. Encore, un signe annonciateur de malheur, pensais-je, en souriant, mais en l'observant de plus près, mon sourire se transforma en légère grimace. Je prie alors immédiatement le téléphone pour joindre mon dermatologue afin de fixer un rendez-vous. Mon mari ne se sentit pas trop concerné par ce nouveau chapitre de ma santé. Il pensait même que ce n'était très certainement pas grand-chose et me laissa seule consulter le spécialiste. Après avoir positionné ses lunettes, loupes au-dessus et très près de mon mollet, son analyse de la situation n'était guère encourageante. La tache de couleur brun foncé méritait un examen approfondi dont le résultat sera clair et net. Il n'avait pas tort, car quelques jours après la biopsie effectuée sur cette partie de mon corps à la couleur douteuse, le verdict est tombé sans appel. Il s'agit bien d'un mélanome malin, en clair un cancer de la peau. J'ai encore gagné le gros lot. Ce jour-là, en sortant du cabinet du dermatologue, la chance ou un ange gardien qui me suit de très près est intervenu pour me sauver la vie. Plus exactement, il s'est positionné entre mon corps et un camion qui était sur le point de me renvoyer dans l'au-delà. Sans doute encore abasourdie par ce nouveau coup du sort et l'esprit ailleurs, j'avais traversé la rue sans me préoccuper du flot de circulation. Le chauffeur de l'engin avait très certainement écrasé la pédale de frein tout en se répandant en invectives contre moi tout aussi certainement, car j'étais toujours là, debout et vivante. La vision de l'énorme calandre d'acier associée à la chaleur qui se dégageait des ailettes du capot m'ont instinctivement incitée à faire un pas en arrière ce qui me permit d'apercevoir le visage du chauffeur déformé par la colère. À sa grimace bien compréhensible, je répondis par un geste amical de la main et je repris mon chemin comme si de rien n'était ou presque. Mon cœur qui en avait vu d'autre battait la chamade et m'obligea à ralentir le pas. Je pensais à nouveau à mon mélanome cancéreux. Une fois de plus, un nouvel épisode de ma vie de femme malade allait compléter ma série. L'opération est prévue le 2 janvier 1980. Pour la nouvelle année, c'était un cadeau dont je me serais bien passée. Alors le même rituel ou presque va organiser mon quotidien. L'opération puis le repos et enfin les examens de contrôle. Les huit années suivantes m'ont laissé un certain répit sur le plan de ma santé physique, mais la vie en a décidé autrement pour ce qui était de mon état psychique. Ma vie professionnelle était en pointillé avec des périodes de travail, toujours en tant que vendeuse, et des périodes d'inactivité. À la maison, l'ambiance était plutôt morose et je serais tentée de dire que mon mariage battait de l'aile sans pour autant en trouver une réelle explication. Cependant et en dehors de ma fille, un point positif est tout de même présent et a enjolivé quelque peu mon existence. À la fin des années 80, j'exerçais le métier de vendeuse de minéraux et cette nouvelle carte professionnelle me plaisait énormément. J'ai découvert un milieu étonnant et j'étais devenue passionnée ou presque. Et pour parfaire mes connaissances en la matière, j'ai même fait partie d'un groupe de prospecteurs qui œuvraient dans le massif de l'Oisans à une cinquantaine de kilomètres de Grenoble. J'ai donc tout logiquement fait de la prospection de minéraux et de quartz en particulier. Le monde minéral est magique et je ne me lassais pas de partir à la recherche du caillou aux mille reflets. Tout doucement, mais sûrement, je me rapprochais de l'année 1989 et par la même occasion de mon divorce. Toujours avec une santé précaire, je me retrouve submergée par le stress lié aux conséquences de la séparation. La vente de notre appartement ainsi que les modalités de garde de notre fille provoqueront chez moi un état de fatigue important. Encore une épreuve de la vie que j'allais devoir affronter.

Période sombre

Peu de temps après mon divorce, j'avais fait la connaissance d'un homme, Jean-Yves, directeur d'une entreprise et qui deviendra mon nouveau compagnon durant neuf années. Neuf longues années durant lesquelles je ne travaillerai pas ou presque et que je vivrai la tête sous l'eau, incapable de réagir comme si j'étais sous une emprise absolue, certaine et violente. Une souffrance supplémentaire qui m'accompagnera quotidiennement et qui me plongera très souvent dans la misère psychologique. Au début de notre rencontre, tout allait pourtant parfaitement bien et j'avais presque retrouvé une jeunesse mêlée d'insouciance et de naïveté. Âgée de 37 ans, j'étais théoriquement dans la fleur de l'âge, prête à profiter de la vie et à la croquer à pleines dents. Installée sur la commune de Bilieu, à proximité du lac de Paladru, mon quotidien n'avait rien d'ennuyeux et même si je n'avais aucune activité professionnelle, excepté de temps en temps des emplois temporaires, mes journées comme certaines de nos soirées d'ailleurs étaient bien remplies. Avec Jean-Yves, nous recevions régulièrement et notre cercle d'amis était conséquent. Je m'étais mise au sport en jouant au tennis et en pratiquant la marche autour du lac. Je m'exerçais également à la peinture et étonnamment, l'activité me plaisait tellement que je m'étais inscrite à un club de peinture. La lecture faisait partie aussi de mes passe-temps et ainsi les jours puis les mois passaient sans que je m'en rende-compte d'une part du temps qui passe, mais également de ce qui se tramait dans notre intimité, insidieusement, mais sûrement. C'était une période de divertissement et la boîte de nuit située à proximité de chez nous devenait parfois notre but de sortie du vendredi ou du samedi soir. Mais les choses allaient sensiblement changer dans notre relation de couple. Cela faisait quelques semaines à peine que nous vivions ensemble et Jean-Yves commençait à changer d'attitude avec moi. Lors de nos disputes ou au cours d'une discussion banale sur un sujet souvent futile, il piquait des colères en adoptant de plus en plus souvent un comportement agressif. Je ne comprenais pas ce qui lui arrivait et lorsque je voulais aborder le sujet, c'était pire. Alors lorsque le climat devenait maussade à la maison, je partais me promener au bord du lac. Je marchais sur la rive gauche du plan d'eau pour rejoindre un ponton, un endroit que j'affectionnais particulièrement pour la vue qu'il offrait. En dehors de la période estivale où le lac et ses alentours ressemblent à la Côte d'Azur, au printemps ou durant la saison d'hiver, ce lieu précis était un havre de paix et de silence. La nature au bout de mes pieds qui effleuraient la surface de l'eau. Seuls quelques poules d'eau ou des couples de canards qui eux visiblement ne se disputaient pas, venaient troubler avec délicatesse l'ambiance de ce petit monde sauvage. Je pouvais méditer dans un calme absolu et penser à ma vie, mes déboires, mes échecs et mes problèmes qui avaient décidé de ne pas m'abandonner. Ce lac n'était pas d'une grande étendue, mais il avait quelque chose d'attirant et le soir au coucher du soleil, les derniers rayons qui venaient caresser sa surface aux mille reflets le rendaient magnifique. Si sa longueur n'avait pas été si courte et si ses deux extrémités n'étaient pas visibles, il aurait pu donner l'apparence d'un fjord norvégien. Assise sur les vieilles planches du ponton, je respire un air apaisant et le spectacle que m'offre dame nature me redonne de la vitalité et du moral. Ce moment de solitude n'était rien que pour moi ; ma bouffée d'oxygène, mon jardin secret. De retour à la maison, j'avais la surprise de l'accueil qui m'était réservé par mon compagnon. Il pouvait être très agréable et se confondre en excuses, ou alors s'énerver de plus belle et me critiquer sur tout et sur rien. De l'état de sérénité et de plénitude lors de ma séance de relaxation au bord du lac, je me retrouvais comme enveloppée par un film imprégné de stress et parfois même de peur.

Devant la porte d'entrée du chalet, je prenais une profonde respiration et je pénétrais dans la demeure de monsieur Hyde ou du docteur Jekyll. Le souvenir de ma première raclée reste encore profondément gravé dans ma mémoire. Cela s'est produit un soir d'automne chez des amis. Nous étions leurs hôtes et la discussion battait son plein sur des thèmes divers et variés. J'ai eu alors le besoin de donner mon avis sur un sujet dont je ne me rappelle plus l'exact contenu, mais qui contredisait sans aucune équivoque l'avis de Jean-Yves. J'ai remarqué immédiatement que son regard qui me visait avec insistance traduisait un mécontentement évident. Il s'est tenu et n'a pas voulu poursuivre le débat, mais je sentais bien qu'il m'en voulait fortement. Et puis, ne tenant plus, il se leva et rentra chez lui qui était aussi chez moi. Nos amis m'ont alors ramenée en me souhaitant malgré tout une bonne soirée. Et là, ma vie a basculé et je me suis dit que je n'avais vraiment pas de chance et que la vie était laide et injuste. À peine installée dans le séjour que je vis arriver sur mon visage et avec une force insoupçonnée, une main crispée et ferme comme une planche de bois. Mon compagnon venait de me gifler avec une violence inouïe et incompréhensible. Au geste, il ajouta la parole et me cria de ne plus jamais le contredire devant ses amis ou même devant quiconque d'ailleurs. Sous l'effet de la mauvaise surprise, je pris la direction des escaliers pour aller me réfugier dans la chambre. Il me rattrapa, me saisit par les épaules et me poussa dans le vide sans se soucier des éventuelles conséquences. Je parvenais tout de même à me tenir à la rampe et à éviter une chute violente. J'étais à la fois pétrifiée et paniquée. Jean-Yves prit conscience soudainement de l'acte qu'il venait de commettre et resta prostré sans dire un mot. Je décidais alors sans attendre une quelconque explication de sa part, d'appeler ma cousine qui habitait à Montferrat une commune jouxtant Bilieu afin qu'elle vienne me chercher. J'étais effondrée physiquement et moralement. Je n'avais vraiment pas besoin d'une telle épreuve et puis surtout je n'avais rien fait de répréhensible. Un simple désaccord dans une discussion a suffi pour qu'une relation dégénère. Une histoire qui a pris des proportions injustifiées et inqualifiables. Mon retour à la maison deux jours après s'est fait sur la défensive et je ne savais vraiment pas comment j'allais gérer nos retrouvailles. Ma cousine m'a dit au revoir et s'en est allée retrouver une vie bien plus paisible et normale que la mienne. Devant la porte d'entrée, Jean-Yves paraissait décomposé et étonnamment calme. Il me présenta ses excuses et me jura qu'il ne recommencerait plus. Je l'ai cru et ma vie a repris son cours, mais sans réel changement. Je voulais croire que jamais plus je ne revivrais cette expérience traumatisante. Sans doute qu'inconsciemment j'étais terriblement attachée à lui et peut-être tellement aveuglée par je sais quelle force, que j'étais prête à croire à un changement positif. Un attachement qui s'apparentait plus en réalité à une véritable emprise qu'à un réel sentiment amoureux. Mais cela, je ne m'en suis rendue-compte que bien plus tard, des années après, lorsque mon état de santé se dégradait au point qu'il était évident que les pathologies dont je souffrais n'étaient pas les seules responsables. Alors comme beaucoup de femmes battues, j'ai accepté cette vie en vivant dans le déni et la détresse. J'ai supporté ce fardeau durant près de neuf années avant de réagir. La peur du pire me venait régulièrement à l'esprit et la remise en question de mon intégrité physique me sauta aux yeux un jour de pluie alors que je regardais le lac qui lui aussi arborait des couleurs sombres. Je n'en pouvais plus. Comme pour la maladie, mon corps va réagir et s'opposer à ce minable destin. Même fatiguée et régulièrement agressée par des traitements toujours aussi lourds, je vais trouver l'énergie nécessaire pour m'extraire de ce carcan mortifère et fuir vers ma liberté. En 1998, je serai seule, mais vivante et déjà sur le marché du travail. À nouveau, une nouvelle vie commence et en toute franchise je ne sais pas si elle me sera bénéfique ou cruelle. Je suis sur le qui vive en permanence, je crains toujours qu'une catastrophe vienne stopper ma remontée à la surface et anéantir tous mes efforts consentis pour ne pas sombrer d'une part, mais aussi pour apprécier la vie et continuer à vivre tout simplement. Heureusement, j'ai ma fille et ma sœur cadette que je vois régulièrement et qui m'apportent un réconfort essentiel. Mon existence ressemble aux montagnes russes, ce manège qui procure certes des sensations bien réelles, mais qui surtout vous remue l'organisme sans ménagement. C'est le but recherché en temps normal pour ce type d'attraction de fête foraine, mais en ce qui me concerne, mon manège à moi ne s'arrête jamais et mon organisme comme mon cerveau n'apprécient guère ce quotidien chaotique. Fort heureusement, les périodes durant lesquelles les dieux sont avec moi s'étalent sur plusieurs années. Elles me permettent ainsi de récupérer et d'imaginer que la vie vaut vraiment le coup d'être vécue. Depuis quelques semaines, je travaille comme démonstratrice pour la marque de produits de beauté « 'Clarins » et je m'entends très bien avec ma collègue Marie-Claude. Nous avons vraiment sympathisé et en dehors du travail nous nous voyons régulièrement. J'ai trouvé un petit appartement à Grenoble dans la rue de La Poste. Une rue piétonne au sein d'un quartier ancien très vivant avec ses nombreux commerces. Je m'y trouve bien, en sécurité et le voisinage est très agréable. Mes fenêtres donnent sur le restaurant « Le Couscous » et dès le printemps, lorsque j'aère mon logement, les odeurs enivrantes qui s'échappent des cuisines de Bachir envahissent mon univers. C'est un régal pour les papilles et très souvent, je ne peux pas résister. Je descends les escaliers du vieil immeuble et je vais m'acheter une portion de son délicieux couscous. Des plaisirs simples dont les effets sont immenses.

Grenoble est vraiment une belle ville et son histoire est riche. J'adore me promener dans les vieux quartiers, et à chaque fois que je découvre un lieu ou un monument nouveau, j'en profite pour en apprendre davantage sur son passé. Cette cité alpine, ancienne capitale du Dauphiné, dévoile aux touristes ou aux promeneurs curieux, deux mille ans d'histoire. Les Romains y ont laissé leurs empreintes et les militaires l'ont utilisée durant de nombreuses époques comme refuge stratégique. Mes déambulations vont bon train dans toutes les directions et me permettent de découvrir des pans entiers d'histoire ainsi que des bâtiments de toute beauté. Mais le plus emblématique et le plus imposant reste le fort de la Bastille avec ses remparts et sa vue imprenable sur la ville. Cette forteresse blottie contre l'extrême sud du massif de la Chartreuse offre un panorama de toute beauté sur toutes les montagnes qui encerclent la ville la plus plate de France. Ouvrage militaire édifié durant la première partie du XIXe siècle et culminant à 476 mètres d'altitude et qui a remplacé une première fortification construite à la fin du XVIe siècle. Son accès au plus haut de l'ouvrage qui s'étale sur plus de 264 mètres de hauteur, se fait par une route étroite et très sinueuse sur son flanc est ou par un sentier pédestre qui prend son origine sur les quais de la ville. C'est par cet itinéraire que j'aime prendre de l'altitude pour ensuite profiter de la vue extraordinaire sur Cularo, le nom donné à la ville à l'époque gallo-romaine. Le chemin qui est plus proche d'une route carrossable que d'un sentier monte progressivement jusqu'au sommet principal du fort. La marche y est donc facile et peu fatigante. Comme des centaines de Grenoblois, le week-end j'arpente allègrement les allées boisées tout en visitant du regard chaque recoin du secteur. Régulièrement, je m'octroie des pauses et j'en profite pour respirer à plein poumon cet air qui me fait tant de bien. Cette petite randonnée me redonne le moral à chaque fois et j'alterne le sens de l'itinéraire en fonction de mon état de santé. L'itinéraire de montée est moins exigeant par le sentier que par les fameux escaliers, dont la hauteur des marches, et leurs nombres mettent à rude épreuve les cuisses et le souffle. Et si un jour je ne me sens pas de descendre à pied, alors j'ai toujours l'option du téléphérique qui effectue la liaison entre le fort du haut et les quais de la ville en bas, au bord de l'Isère. D'ailleurs, c'est l'attraction de la ville. Ces cinq petites boules accrochées les unes aux autres, tel un chapelet religieux, se promènent toute l'année au-dessus du cours d'eau avec à leurs bords des milliers de passagers en tout genre pour une visite du site, une promenade ou encore pour aller dîner dans le restaurant qui propose la plus belle vue de la cité. Vraiment, Grenoble est une belle ville et je ne me lasse pas de la découvrir ou de la redécouvrir.

1999-2006
Le célibat

Je vis désormais seule dans mon modeste appartement dans le centre-ville de Grenoble, rue de la Poste. Une vie de célibataire, une existence tranquille, mais bien remplie et organisée. Certaines personnes entrent en religion pour diverses raisons ; moi j'opte pour le célibat par nécessité. Avec Marie-Claude, je découvre la beauté des paysages de montagne et les randonnées dans le massif de l'Oisans. Par une magnifique journée de printemps, elle décide de me montrer un village magnifique dans ce monde rude et hostile de la haute montagne : La Bérarde ! Un haut lieu de l'alpinisme français et dont l'unique accès routier se fait par une route de montagne, sinueuse et dangereuse à souhait. C'est pour ainsi dire le bout du monde et il est accessible uniquement la moitié de l'année. L'hiver en effet, les avalanches et la quantité de neige présente sur cette route étroite sont tellement importantes qu'elles empêchent toute circulation. Le petit village qui est le terminus de la route reste alors totalement isolé du monde moderne jusqu'à l'ouverture officielle de la liaison. Seuls trois irréductibles, des bourrus, des têtus et sans doute des êtres très solitaires vivent en autarcie chacun de son côté dans leurs maisons de pierres granitiques et aux toitures en tôles rouillées. Ces figures du village montrent tout de même leurs visages de yétis aux touristes et aux locaux, l'été venu, mais à de très rares occasions. Ce qui fait la beauté et l'intérêt de La Bérarde c'est son emplacement au cœur de ce massif montagneux gigantesque. Il est le point de départ de nombreuses randonnées de haut vol, mais surtout des grandes courses d'alpinisme réputées dans la France entière et dans toute l'Europe très certainement. Il est entouré de très hauts sommets dont certains dépassent les 4000 mètres d'altitude. D'autres, moins hauts et facilement atteignables en randonnée, offrent un panorama époustouflant sur tout le massif. Marie-Claude me propose de marcher jusqu'au refuge du Châtelleret, un refuge situé au creux du vallon des Étançons, au pied de la face sud de la Meije, le sommet le plus majestueux de l'Oisans. Nous voilà donc parties pour une randonnée de deux heures et trente minutes environ pour parcourir les cinq mètres de dénivelé qui nous séparent du parking du village. Ce dernier étant situé à 1740 mètres d'altitude, je me dis qu'allais souffrir un peu pour atteindre notre objectif. Mais ma copine a alors pris les choses en main et a géré la balade comme un véritable guide. D'un pas lent et régulier, elle m'a montré le chemin dans une ambiance de plaisir total. J'étais même émerveillée par le spectacle que m'offrait cette nature si sauvage. Cette beauté brute cachait bien son jeu et rien n'était gratuit en termes d'efforts. Mais qu'elle récompense une fois le but atteint. Après avoir quitté la rue principale du centre du village qui s'étalait sur une centaine de mètres au maximum, nous nous élevions rapidement par un sentier bien marqué. Entre la charmante petite église d'un côté et l'incontournable bar-restaurant de Catherine, une autre figure du village, de l'autre, nous prenions la direction du refuge. Après une petite demi-heure de marche, nous arrivons à l'entrée même du vallon et déjà nous apercevons au loin, le sommet de la Meije avec son glacier carré et sa face sud, véritable muraille de granit. Déjà, le village de La Bérarde a disparu de notre champ de vision et désormais nous sommes comme entourées de falaises abruptes et de pierriers imposants. La neige n'a pas encore totalement disparu et les névés semblent encore bien épais. Je n'arrête pas d'admirer ce décor magnifique et à chaque pause, chacune des images que j'enregistre et qui pourrait être un tableau de maître efface les stigmates de mon souffle court. Le refuge est encore loin, d'ailleurs je ne le vois toujours pas alors même que le vallon est bien rectiligne et sans obstacle majeur entre notre lui et nous. De temps à autre, des randonneurs plus entraînés ou des alpinistes chevronnés nous doublent avec respect et un sourire naturel. Pour les uns, nous les retrouverons sans doute au refuge et pour les autres ils seront de retour au village demain en fin de journée pour la plupart. Plus nous marchons et plus nous nous rapprochons du fond de cette vallée dont le terminus est constitué par l'impressionnante muraille rocheuse de la face sud de la Meije. L'air se rafraîchit très nettement malgré la présence d'un soleil radieux, signe que nous gagnons de l'altitude et que nous sommes proches du cirque tapissé de nombreuses couvertures de neige. Après avoir traversé le torrent glaciaire, nous parvenons enfin au refuge dont la terrasse est déjà investie par les nombreux randonneurs. Les derniers mètres de dénivelé m'ont quelque peu affaiblie et c'est avec un soulagement évident que je me jette sur mon sandwich. Marie-Claude sourit en me voyant dévorer mon modeste repas et me propose de commander deux tartes aux myrtilles, faites maison bien évidemment, pour agrémenter notre pause. Elles seront, elles aussi, englouties en un rien de temps. Me voilà rassasiée et disponible pour admirer ce monde de la haute montagne. De notre position, je peux scruter avec précision une multitude de pics, d'arêtes effilées et de couloirs, lieux de prédilection pour les choucas, ces volatiles qui ressemblent aux corbeaux et dont les qualités aéronautiques sont absolument incroyables. Leur technique de vol est parfaite et je suis admirative de leurs chorégraphies. Ces lieux hostiles, mais beaux et attirants représentent également le terrain de jeu des alpinistes purs et durs. En remontant de quelques mètres au-dessus du refuge, Marie-Claude me montre un point brillant sur une pointe rocheuse au pied de la face sud de la Meije. Il s'agit en réalité du reflet des rayons de soleil sur les vitres du refuge du Promontoire. Ce petit bâtiment métallique posé sur un gros rocher à proximité du glacier de la brèche de la Meije sert de point de départ pour les alpinistes et grimpeurs désirant effectuer les longues ascensions techniques du secteur. C'est à cet endroit que la frontière entre le simple randonneur et l'alpiniste pourrait être tracée. Son accès est réservé aux pratiquants réguliers et prêts à souffrir davantage. Un bon montagnard n'est pas avare en effort et son mental est bien plus solide que chez un quidam lambda. Je fais une dernière fois le tour du propriétaire et avec Marie-Claude, nous entamons la descente qui nécessitera en ce qui me concerne autant de temps qu'à la montée soit deux trente minutes. En fin d'après-midi, nous revoilà au centre du village de La Bérarde qui grouille de touristes. Cette fois-ci, la fatigue est bien présente et je sens que mes forces me font défaut. Nous nous installons sur la terrasse du bar-restaurant tout proche et nous commandons deux boissons gazeuses et tonifiantes. Tout en sirotant notre breuvage reconstituant, nous prenons le temps de bavarder et nous profitons de ce repos bien mérité. Marie-Claude me raconte alors un peu l'histoire de ce village sauvage et isolé. Je suis bien en sa compagnie et j'apprécie de pouvoir passer des moments comme celui-ci avec une véritable copine. Elle s'occupe maintenant de la gérance d'un commerce pas tout à fait comme les autres au cœur d'un magnifique endroit. Elle fait office de restauratrice, de barmaid, d'hôtelière et de vendeuse au sein d'une institution dans la merveilleuse et mystérieuse vallée de La Bérarde ; un haut lieu de l'alpinisme isérois. Elle est la cheffe du café « La Cordée » niché pour ne pas dire coincé dans l'unique ruelle qui permet de traverser l'énigmatique village de Saint-Christophe-en-Oisans. C'est le seul commerce de ce charmant petit village haut perché. Avec les années, cet endroit atypique est devenu l'établissement incontournable de la vallée. C'est un café historique et littéraire de montagne où se mélangent les touristes, mais surtout les randonneurs et les alpinistes sans oublier les véritables amoureux de la nature montagnarde. C'est un lieu de rencontre et de convivialité unique en son genre dans un décor de rêve. Il a gardé son âme, celle qui le caractérise depuis 1907, année de sa construction. Marie-Claude est donc la patronne de ce commerce dans lequel le client aura le loisir de se perdre malgré l'étroitesse des lieux. Chez elle, on trouve tout ou presque, à boire, à manger, pour s'habiller, lire, se faire plaisir et ainsi voyager dans le passé.

J'ai encore changé de métier et à quarante ans passés, je suis vendeuse dans une librairie. Je vends des bandes dessinées et des livres. Au fil de mes expériences professionnelles, je complète ma collection de cartes de visite, mais surtout j'apprends et je peaufine ma culture générale.

Nouvelle vie de couple

Nous sommes en 2007, un vendredi soir et je travaille en tant que serveuse dans un restaurant à Moirans, le « Clos Romain ». Je suis venue donner un coup de main aux gérants que je connais depuis un certain temps. C'est un « extra » pour aider et qui, finalement, va aller au-delà de ce qu'il devait être, puisqu'il va me permettre d'écrire une nouvelle page de ma vie sentimentale qui, il faut bien l'avouer, était partie au royaume des souvenirs lointains. Ma dernière expérience en la matière n'a pas été des plus agréables et l'idée de refaire ma vie ne faisait pas partie de mes projets. Mais le destin qui gère tout, semble-t-il, le bon comme le mauvais m'a cette fois-ci tendu la main, histoire de me rendre la vie plus joyeuse et un peu plus facile. Il était attablé avec des amis et tout naturellement, j'ai fait sa connaissance. Dans la conversation, il s'est présenté en me donnant son prénom ; Alberto. Un bel italien, beau parleur comme il se doit et charmeur. Ce fut une belle rencontre et depuis cette soirée, nous nous sommes revus régulièrement. Aujourd'hui, il est mon compagnon de vie. Tout comme moi, il est divorcé et a vécu une vie sentimentale quelque peu compliquée. Immédiatement, il a eu connaissance de mes problèmes de santé et des conséquences diverses et variées qui en découlent tout naturellement. Nous nous sommes trouvés et plus quittés depuis. L'année qui a suivi notre rencontre fut agréable et mon avenir immédiat arborait enfin un visage apaisé. Nous sommes partis en Corse ave mes sœurs et une amie pour des vacances dignes de ce nom. Je revivais et j'étais bien. Une relation amoureuse, un travail, des passe-temps, tout allait pour le mieux. J'avais 56 ans et j'étais toujours de ce monde. Certes, je n'avais plus la vitalité d'une jeune fille, mais j'étais motivée pour vivre. Un état de santé qui jouait au yoyo en permanence, mais je que je parvenais malgré tout à maintenir à un niveau acceptable.

Je ne reste jamais sans rien faire, il faut que je bouge et que je fasse travailler mon cerveau ainsi que ma mémoire. Ma santé physique dépend de mon équilibre psychique et inversement. Mon corps ne me laisse jamais de répit. Les périodes de fatigue alternent avec celles de bien-être. J'ai l'impression que mon esprit ne cesse de me harceler pour que je vive presque comme une personne normalement constituée ; sans stigmate, sans séquelle, sans cicatrice ou blessure. Le contraire de ce que je suis. Ne jamais baisser les bras quoiqu'il arrive. Mais il y a des jours où mes membres sont bien trop lourds et incapables d'obéir à mes ordres ou à ma simple volonté. La mécanique s'emballe ou s'enraye et rien ne va plus. Le spectre d'une nouvelle calamité se dessine alors devant moi.

Mes derniers examens de contrôle ne sont pas bons. Mon muscle cardiaque part en vrille et une fois encore, le destin va s'acharner sur ma pauvre carcasse. Mes troubles du rythme sont nombreux et incompatibles avec une vie normale. Mon cœur donne des signes de fatigue et de dysfonctionnement évidents et inquiétants. Je vais donc à nouveau être opérée du cœur. Le chirurgien m'a informée qu'il allait me poser des valves mécaniques. Ce type de valves a une durée de vie supérieure aux valves biologiques, mais nécessitent un traitement anticoagulant à vie, traitement que j'ai déjà depuis fort longtemps. À l'énoncé du programme, je suis tout de même dans tous mes états et je redoute de me retrouver allongée sur la table d'opération, la cage thoracique ouverte avec à la clef, une mauvaise surprise. Mon dossier médical est épais comme un bottin téléphonique et ce n'est probablement que le premier tome. Dans quelques jours, un nouveau chapitre y sera écrit et les médecins devront prendre quelques minutes supplémentaires pour le parcourir dans son intégralité.

En 2011, j'ai quitté mon dernier poste à Rives où je travaillais comme vendeuse bien évidemment, dans l'habillement. Sans doute ne retravaillerais-je plus jamais. Je n'ai aucune honte à dire que le moral est au plus bas et que je suis dans un désarroi total. Alberto est là, présent pour m'aider et me soutenir. Il sait tout ce que j'ai enduré et il est toujours près de moi. C'est mon compagnon, ma bouée et mon phare.

L'opération fut très compliquée. Les trois jours qui ont suivi et durant lesquels j'ai été plongée dans un coma artificiel m'ont permis de vivre un phénomène étonnant. J'ai le souvenir d'avoir vu mon père qui n'est plus de ce monde ainsi que ma filleule décédée en 1999. Je n'ai jamais compris la signification de ces visions, mais elles m'ont tourmentée longtemps. Le réveil a été encore plus douloureux que celui que j'avais vécu après l'intervention pour mon rétrécissement mitral en 1969. Et la cicatrice bien plus impressionnante que la première. La nouvelle est verticale, contrairement à l'autre et relativement longue. Mon thorax ressemble à un tableau d'art moderne, avec des traits plus ou moins rectilignes, des tâches, des points et des couleurs qui n'ont rien d'attrayants. Une œuvre sans aucun charme même pour un œil averti ou pour un artiste à l'esprit torturé. Mais comme pour un militaire qui revient d'une campagne de guerre, c'est une médaille de plus, une décoration pour témoigner de mon implication dans un conflit qui semble ne jamais se terminer. J'ai combattu et j'ai vaincu, pour le moment, en attendant un nouveau champ de bataille.

2012
L'enchaînement diabolique

En parlant de nouveau combat, j'allais être servie, mais non comblée puisque le destin n'allait plus me tendre la main, mais tenter vraisemblablement de m'achever ou de me porter l'estocade finale. Comme un taureau blessé dans l'arène, affaiblie et diminuée par les nombreuses banderilles qui ont meurtri mon corps, j'attends debout et fière l'affrontement final avec le toréador. Le regard fixé sur la main qui tient fermement l'épée qui va sans doute m'atteindre sans aucune hésitation.

Je venais à peine de quitter le centre de rééducation d'Échirolles après plusieurs mois de convalescence avec son lot habituel de douleurs, de complications et de fatigue, que je devais pour la énième fois reprendre le chemin de la clinique. Un an après l'opération du cœur, j'allais être opérée d'un cancer du sein. C'est au cours d'un examen de contrôle, la mammographie, que le diagnostic est tombé brutalement, telle une grosse tuile s'écrasant sur ma pauvre tête, déjà bien cabossée par toutes ces chutes. Un casque m'aurait-il protégée ou épargnée ? j'en doute fort. Je suis née pour en baver tout simplement. La biopsie a confirmé le diagnostic initial avec cependant une précision capitale. En effet, le cancer dont je suis atteinte est à un stade avancé. Mais pourrait-il en être autrement ? Cette nouvelle a résonné comme une bombe qui explose tout près de moi et qui me détruit les tympans. Je ne sais pas si je vais m'en sortir et si je me relèverai à nouveau. Dans quel état serai-je cette fois-ci si je parviens à esquiver la lame de la faucheuse qui va s'abattre sur moi. Je suis épuisée moralement et physiquement de mon opération à cœur ouvert de l'année dernière, et voilà que je vais devoir surmonter une épreuve d'un autre genre, mais tout aussi difficile et injuste.

Je me disais très souvent, lors de mon séjour en maison de repos, que je devais avoir un ange protecteur pour être toujours vivante après tant d'années de galères et de déconvenues. Avoir cette capacité à me battre et à continuer à aller de l'avant. Mais sera-t-il encore présent pour m'aider à combattre ce cancer du sein qui visiblement n'est pas des plus sympathiques. Mon ange gardien ne peut pas m'abandonner ; je dois pouvoir compter sur lui pour terrasser ce nouveau dragon. Une victoire de plus dans mon palmarès serait la bienvenue. Dans le listage de mes « sales coups du destin », je ne sais pas quel numéro de dossard aura ce cancer du sein. Dans cette course à la vie, je ne compte plus le nombre de participants et il est bien loin mon numéro 1, l'accident de mobylette. C'était effectivement une mise en bouche, un avant-goût très léger, de ce que mon corps allait ingurgiter par la suite.

2012, l'année du mon cancer du sein avec un protocole de soins éreintant, pour ne pas dire épuisant et destructeur pour mon organisme. Mais un passage obligé pour un combat que je qualifierais d'inégal. Je me bats avec des armes difficiles à manier, la chimiothérapie et la radiothérapie. Pour la première, un traitement agressif consistant à tuer ou à affaiblir les cellules cancéreuses par des substances chimiques, avec des effets indésirables parfois difficilement supportables comme les nausées, la fatigue extrême, mais surtout un affaiblissement du système immunitaire. Pour ce qui est de la perte des cheveux et des poils, j'ai déjà donné, je donne encore et je donnerai toujours. À ce niveau de la compétition, je suis une gagnante hors pair. En ce qui concerne la radiothérapie, les aspects néfastes sont identiques à ceux de la chimio, mais il est utile de rajouter l'anxiété et des troubles du sommeil. C'est une méthode qui consiste à utiliser la radiation pour éliminer les cellules cancéreuses et toute comme la chimiothérapie, elle n'affecte pas seulement les mauvaises cellules, mais également les cellules saines. Cependant, ces dernières peuvent se réparer et se renouveler entre les séances. À y regarder de plus près, ce programme ne fait pas envie et j'avoue que je me pose la question quant à son efficacité. Le jeu en vaut-il la chandelle ? au fond de moi, je pense que oui. Mais c'est un bien pour un mal et l'équilibre semble précaire. Mon corps, semblable à une mécanique usée et déréglée, a toutes les peines du monde pour retrouver un fonctionnement normal. Son voisin, le corps médical, a beau changer les pièces défectueuses ou réparer les originelles ; les réglages sont compliqués et je suis fatiguée, moralement et physiquement. J'ai pourtant déjà vécu des périodes semblables, mais pas avec une telle intensité. Mes envies de lâcher prise sont nombreuses avec un désir soudain de me laisser aller totalement, mais il y a toujours quelque chose en moi qui me pousse à réagir d'une manière positive. Mais à chaque remontée à la surface, à chaque traversée d'un désert franchement hostile, les efforts sont de plus en plus importants. Les effets indésirables de la chimiothérapie et de la radiothérapie m'ont atteinte sans m'accorder le moindre répit, ni même une once d'indulgence. Mon système immunitaire est considérablement affaibli, les nausées presque quotidiennes, les jours suivants, les séances, les troubles du sommeil très fréquents et l'anxiété ne me quittent plus. Ma seule satisfaction au regard de ce tableau, bien sombre, concerne la perte des cheveux et des poils. Cela fait maintenant 43 ans que j'ai tout perdu et par conséquent c'est un aspect traumatisant que je ne vais pas devoir subir et accepter, puisque je vis avec, ou plutôt sans, depuis tellement longtemps. Je m'y suis presque habituée et parfois je me demande si un jour j'ai eu des cheveux naturels. Je reste cependant une femme, mais à quel prix. Et plus les années passent et plus l'addition est longue et douloureuse : Les stigmates des interventions chirurgicales dont le nombre augmente régulièrement sur mon corps, les traumatismes à l'intérieur, invisibles, mais bien présents, la peau abîmée par les agressions dues aux traitements ainsi que celles causées par le temps et les perruques posées sur leur support comme des pièces de collection. Enfin mon cerveau, mon esprit, mon mental qui sont sans cesse ballottés entre le bon et le mauvais, le positif et le négatif. C'est le prix à payer, mais le tarif est exorbitant.

Il est clair aujourd'hui que je ne retravaillerai plus jamais. Ma seule réelle activité consistera à faire en sorte de rester vivante, autonome et de profiter de l'existence telle qu'elle se présente à moi, au jour le jour ; prendre ce qui reste à prendre. Avec Alberto, nous vivons à Colombe dans une grande maison. C'est la campagne, reposante et belle. Exposée plein sud, cette ancienne bâtisse joliment agrandie et rénovée me gratifie d'une vue dégagée sur les massifs montagneux du Dauphiné. Le Vercors juste en face, la Chartreuse à l'Est et tout au loin, les massifs de Belledonne et du Taillefer. C'est étonnant comme le fait de pouvoir jouir d'un si beau panorama peut procurer un tel bien-être. J'en ai tellement besoin. Ma convalescence est longue, presque sans fin et je mesure malgré tout, la chance que j'ai eu d'avoir pu surmonter ces épreuves. Rien n'est acquis cependant et pour mon cas, l'avenir n'est pas certain ; je m'attends toujours à une complication ou une aggravation quelconque. Et pour ce qui est de mon cancer du sein, la rémission n'est pas d'actualité. À vrai dire, je n'y pense même pas. Je suis en sursis et l'épée de Damoclès me paraît bien impressionnante et trop proche de mon pauvre crâne chauve pour envisager un avenir digne de ce nom.

Il me faudra l'intégralité de l'année 2013 pour retrouver un semblant de forme, une énergie de je ne sais où. Avec mon expérience, j'ai l'habitude de reprendre une nouvelle vie. À chaque rétablissement, je repars à zéro dans beaucoup de domaines et je prends le chemin qui va me mener vers de nouvelles aventures. Mais cette fois-ci, le périmètre de mes reprises va se cantonner aux limites du village. Je prends l'air et je marche dans la campagne environnante dès que j'ai la capacité de le faire, pour habituer mon corps, mais également mon esprit. Faire de l'exercice et m'aérer l'esprit. Même si la météo est maussade, je m'échappe de mon bel écrin. La commune ainsi que celles qui sont toutes proches sont nées dans une région appelée « Les Terres Froides », alors le climat y est tout naturellement rude, mais je lui trouve énormément de charme. Petit à petit, je me reconstruis, je me relève et je regarde droit devant. Je vois régulièrement ma fille, ma sœur cadette et avec nos amis voisins, nous passons de temps en temps des moments de détente sur la terrasse ou au coin du feu selon la météo du moment. Je reprends une vie presque normale.

Une tuile pour le plaisir

Je le sais maintenant et depuis fort longtemps d'ailleurs, le destin ne me laissera jamais tranquille. Je suis sa victime ou sa proie pour un temps illimité, ou plutôt jusqu'au jour où la pendule s'arrêtera définitivement pour moi. C'est lui qui décidera, même si je continue à lui faire face de toutes mes forces. Je lui tiendrai tête dès qu'il cherchera à m'imposer une nouvelle épreuve, mais jusqu'à quand durera ce duel inégal ? Je sens sa présence et je sais que s'il estime que c'est le moment, il décidera alors de m'en faire baver d'une manière ou d'une autre et plus ou moins douloureusement. À ce moment-là, une nouvelle tuile va m'être envoyée sans prévenir bien évidemment. D'ailleurs, l'expression « une tuile m'est tombée sur la tête » remonte sans doute à des temps lointains et doit très certainement faire référence à une tuile mal positionnée et qui tombe d'un toit d'une manière tout à fait imprévue. En ce qui me concerne, à chaque fois qu'une tuile m'est tombée sur la tête, certes c'était un accident tout à fait imprévu, mais au vu de la liste des problèmes qui s'allonge d'année en année, je devrais reconsidérer la question et commencer peut-être par anticiper l'imprévu ou tout au moins le prévoir. Ce qui est, à mon avis, un non-sens, mais les faits sont bien là. Alors si je garde un esprit pessimiste, je dirais qu'au vu du nombre de tuiles présentes sur une toiture de surface moyenne, je crains de vivre encore de sales moments. Mais si je résonne avec optimisme, je pourrais préciser avec un certain sourire aux lèvres que je suis jusqu'à présent toujours victime de la chute d'une seule et unique tuile à la fois. Alors que des dizaines, voire des centaines, sont prêtes à rejoindre le plancher des vaches en me heurtant au passage. Sans avoir à réfléchir trop longtemps, le côté positif sera mon choix et désormais je marcherai la tête levée vers le ciel pour tenter d'éviter le futur projectile de terre cuite. C'est bien entendu une façon de parler, mais je dois dire que malgré tout, le destin a l'ouïe fine et que sa réaction est nette et précise. Un jour, alors que je marchais en ville à Grenoble avec une certaine insouciance, j'ai traversé la rue sans regarder où je mettais mes pieds ; sans doute avais-je l'esprit ailleurs ou alors étais-je en train d'admirer les toits des beaux immeubles du centre-ville, recouverts de tuiles écailles ou d'ardoises grises. Le fait est que ma cheville droite n'a pas du tout apprécié sa position en porte à faux sur le rebord du trottoir et a entamé une rotation aussi violente que brutale avec pour conséquence immédiate et douloureuse, une fracture de la malléole.

En regardant mon plâtre fraîchement posé, je me disais que cette fois-ci, ce coup dur de mon ami le destin, n'était pas bien grave. En 2014 et en dehors de mes habituels problèmes de santé quotidiens et récurrents, ce petit souci de santé sera le seul évènement marquant et innovant qui sera noté dans mon dossier médical. Une petite tuile en sorte, de celles qui sont rangées au bord du toit, au premier rang, tout près du cheneau et qui ne tombent pas de très haut. La prochaine, celle de l'année suivante, viendra des étages supérieurs d'un haut bâtiment pour donner une idée de sa taille et des dégâts qu'elle va causer.

2015
Une année noire

Le polype est une tumeur bénigne et de taille variable, se développant sur la muqueuse du côlon ou du rectum. En ce qui me concerne, l'élu est celui de la vessie, ce qui, géographiquement parlant, est très proche pour ne pas dire voisin des deux autres organes. Il impose cependant, comme les autres, de le retirer pour prévenir l'apparition d'un cancer. Voilà donc mes nouveaux compagnons du moment, les polypes, et l'opération chirurgicale est le seul moyen pour m'en débarrasser. Cette grosse tuile, je ne l'ai pas vu venir et pourtant mes pensées vont très souvent se perdre dans les méandres du monde des coups durs ou de celui des complications diverses et variées. J'ai 63 ans et je ne cesse de me battre contre toute agression, mais mon corps éprouve beaucoup de mal à suivre mes ripostes. Chaque obstacle demande un effort qui laisse des traces. Je fatigue vite et longtemps et j'ai de plus en plus de difficultés pour me relever. Se redresser et repartir droit devant en laissant derrière moi tout ce qui représente le mal, le mauvais, le dangereux, le pénible et la destruction prend parfois l'apparence d'une montagne infranchissable. C'est un sommet tellement haut qu'il me fait peur et qu'il suscite une envie d'abandonner. Mais en même temps ce sommet qu'est la vie, est si beau que le surpassement de soi me prend aux tripes et que je me remets en selle, tête baissée, bien décidée à franchir la ligne d'arrivée. Comme ces cyclistes appelés les forçats de la route au siècle dernier, moi je suis un forçat de la vie. Le mot galérien m'irait très bien également.

La chirurgie, la cryothérapie et un long séjour en maison de repos vont occuper une grande partie de l'année 2015. Mais comme si cela n'était pas suffisant, un Dieu qui ne doit pas m'aimer et qui doit œuvrer étroitement avec mon destin va me punir plus durement encore. Pour quelle raison ? Je ne sais pas. Je suis maudite, car l'impensable s'est produit. L'évènement qui va tout de même trouver une place logique dans mon imposant dossier médical. Je veux parler de la complication gravissime, la sévère, celle que je me dois de posséder afin d'étoffer davantage mon palmarès et de me retrouver ainsi loin devant la plupart de mes concurrents. Ceux qui comme moi se battent dans cette course de fond, semée d'embûches en tout genre.

Je suis donc victime d'une flagrante injustice, mais surtout d'une hémorragie sérieuse qui va nécessiter en urgence une nouvelle opération ainsi qu'une transfusion. Un pack complet. Et une fois de plus, je ressortirai vivante de cette épreuve, mais je vais me retrouver dans un état de fatigue avancé et insoupçonné. Ma vie s'effondre comme à chaque fois et je ne sais plus comment faire pour accepter cette existence qui n'en est pas toujours une. Depuis longtemps, je ne pense plus à l'avenir qu'il soit lointain ou proche. Je me contente de vivre le temps présent et mon plus grand souhait aujourd'hui est que j'aimerais bien que les choses se tassent réellement. Ma vie est une histoire qui se répète et à chaque épisode je me pose les mêmes questions. Pourquoi moi et pourquoi un tel acharnement ? Je n'ai jamais la réponse, mais l'unique certitude que je peux exprimer et qui ne me quitte jamais c'est que la maladie et la souffrance qu'elle engendre systématiquement sont mes occupations pour ne pas dire mes passe-temps quotidiens. Mes journées sont bien remplies et l'énergie dépensée pour survivre ne me laisse que peu de temps libre pour respirer et voir la beauté de ce monde. Dès que je le peux, je m'accorde des moments de détente et je vais marcher seule autour de chez moi dans ma belle campagne. Je peux humer les odeurs des châtaigniers, des fleurs et des plantes sauvages, cet environnement qui me sert de décor naturel et qui me permet d'espérer.

Deux malléoles valent mieux qu'une

Pour mes 64 printemps, je pourrais raisonnablement bénéficier d'une accalmie sur le plan des problèmes de santé, mais il n'en est rien. Au contraire, j'ai la très nette impression qu'en la matière, les choses vont en s'amplifiant avec une fréquence élevée. Comme si cette tranche de vie qu'est le troisième âge devait payer une addition plus lourde. Il est vrai qu'en temps normal, la vieillesse est propice aux maux divers. Ne dit-on pas qu'avec les années, la santé se dégrade et qu'il faut bien faire avec ou sans. Il est logique et normal au vu du vieillissement du corps humain, de dire qu'une pathologie n'aura pas les mêmes incidences à trente ou soixante-dix ans. Alors si en plus de l'âge, on rajoute toutes les maladies et accidents de toute une vie, alors la récupération ou la guérison n'en sera que plus longue et difficile à atteindre. De ce constat lucide et incontournable, je me dis qu'en ce qui me concerne, ce n'est pas gagné. Pourtant j'ai cru à l'amélioration et à un avenir moins sombre, mais c'était une nouvelle fois une erreur, et pas de jeunesse celle-là. La journée commençait pourtant avec le soleil et un réveil plutôt agréable, presque sans douleur et le moral au beau fixe. Après les mauvais jours vécus en 2015, je m'étais mise en tête comme d'habitude de ne pas me laisser aller et de reprendre des activités de loisirs comme la lecture et la marche. La matinée relativement chaude était propice à l'aération de la maison et à l'activité du moment qui était celle d'étendre ma lessive. Mon panier à linge bien rempli et maintenu fermement, mais non sans difficulté par mes deux bras, je pris la direction de la terrasse. La distance qui me sépare de la porte d'entrée jusqu'au petit carré d'herbe qui me sert de lieu réservé au séchage du linge est de l'ordre d'une vingtaine de mètres environ. Mais le terrain de la zone de séchage n'est pas au même niveau que celui de la terrasse que je dois traverser et deux marches servent à atteindre le petit jardin. Deux malheureuses marches que j'ai, pour une raison indéterminée, franchies avec désinvolture et un manque de lucidité évident. Le déséquilibre fut immédiat et augmenté par l'effet du poids du panier à linge. Je n'ai pas pu enrayer la chute qui s'en suivit et ma glissade, bien que peu spectaculaire me valut une réception douloureuse sur le sol en pierre reconstituée. Il me semble que j'ai crié en me plaignant de mes deux chevilles. Alberto sortit immédiatement de la maison et me regarda un peu affolé et désemparé avant de tenter de me relever. Je ne pouvais malheureusement pas retrouver la station debout et c'est avec l'aide d'un voisin que je pus enfin être remise à la verticale puis installée sur un des fauteuils de jardin. La douleur ne me quittait pas et je compris que ma journée de détente n'était plus d'actualité. Alberto et notre voisin me transportèrent à la Clinique de Chartreuse ou le médecin qui m'examina ne considéra pas mes douleurs comme réellement alarmantes. Je sortis de l'établissement de santé avec un gros bandage et une ordonnance et le sentiment que quelque chose n'avait pas été fait correctement. Ma prise en charge m'avait semblé très légère et je redoutais les heures qui allaient suivre. Mon pressentiment ne m'avait pas fait défaut et après deux ou trois jours de douleurs persistantes, Alberto contacta le Samu et une ambulance vint me récupérer pour me transporter cette fois-ci à l'hôpital Sud de Grenoble. Le verdict tomba sans appel ; une fracture des deux malléoles. Pourquoi faire simple quand on peut faire compliqué. Dans la foulée au menu, une opération avec tous les risques liés à mon passé médical et la pose d'un plâtre. Le retour à la maison fut suivi comme d'habitude par une complication sérieuse. En effet, quelques jours après cette aventure rocambolesque, mon hémoglobine est tombée à 7,5, ce qui est très bas et je repartis à la clinique Mutualiste de Grenoble pour une transfusion en bonne et due forme. Non seulement mon corps absorbe depuis des décennies une multitude de produits chimiques et de rayons sans parler de pièces mécaniques pour mon cœur, mais aujourd'hui il faudra rajouter des plaques et des broches métalliques. Je suis une vraie femme bionique, mais sans les effets extraordinaires des héros du cinéma. L'année 2016 se terminera en mode convalescence et 2017 sera celle de la récupération en vue du prochain cataclysme qui viendra s'abattre sur mes épaules dans un futur très proche.

2018
L'AVC et le coup de grâce

Après de longues semaines de rééducation, de suivi médical, de questionnements sur le sens même de ma vie sur terre, je repris une vie d'humaine avec mes douleurs habituelles, mes traitements quotidiens, mon âge avancé et les plaintes incessantes de mon corps abîmé. Dans mon cas, une vie normale et une capacité à endurer et accepter le mal, le noir, le négatif avec une certaine philosophie. Souffrir est mon karma, mais pour quelle raison ? Le destin n'en finit pas de me poursuivre et de me torturer l'esprit et le corps. À l'aube de la vieillesse, je ne demande pas grand-chose, juste un peu de répit et de bonheur. Des gens naissent riches et en bonne santé et pour la plupart vivront heureux. D'autres auront toutes les peines du monde à survivre et aimer l'existence. Enfin, certains n'ont aucune chance ou presque de jouir de la vie et leur quotidien ne sera fait que de désillusions, de souffrances, de maux divers et de malheurs. La cruauté du monde dans lequel nous vivons n'a pas d'égal et si la chance ne fait pas partie de la panoplie de l'être vivant même à faible dose, le combat sera alors permanent et souvent inégal. Le célèbre comique Coluche disait dans un de ses sketches : « Si tu es petit, moche, à la couleur de peau sombre et la chevelure crépue, alors ça sera vraiment difficile ». Il y a véritablement sur cette drôle de Terre, des mondes différents à l'extrême avec des humains au destin tout aussi extrémistes et immuables. Où puis-je me situer devant un tel tableau ? On ne peut pas échapper à son destin.

Cette année 2018 sera une année absolument noire et cruelle. Le premier choc viendra du décès de ma sœur aînée. Un immense désespoir va m'envahir qui sera peut-être à l'origine du deuxième choc et pourquoi pas du troisième. J'étais à Grenoble pour récupérer des radios quand un phénomène étonnant se produisit. La personne me tendit les documents qui tombèrent sur le sol alors que je pensais les avoir saisis avec ma main. Une sensation bizarre dans ma tête me troubla profondément. Je profitais alors de ma sortie dans la capitale des Alpes pour rendre une petite visite à ma fille qui constata immédiatement que ma bouche était tordue et qu'elle ne comprenait pas ce que je lui disais. Immédiatement, mon gendre m'emmena à l'hôpital au sein duquel, un séjour d'une semaine dans le service de neurologie sera nécessaire pour évaluer l'importance de l'accident vasculaire cérébral dont je venais d'être victime. Mon palmarès commençait à prendre véritablement de la valeur puisque je venais d'élargir le panel de mes pathologies ainsi que celui des services de médecine. Après la traumatologie, la cancérologie, la cardiologie, j'avais épinglé la neurologie. Durant quelques secondes et dans un moment d'euphorie incontrôlable, je me suis demandé si je ne pourrais pas être le sujet d'étude d'étudiants en médecine ou de chercheurs en tout genre. Après tout, à moi toute seule et avec mon dossier médical aussi lourd qu'une encyclopédie en plusieurs volumes, je pourrais faire évoluer et avancer la médecine. De retour sur terre et à la maison plus précisément, je me devais de me reposer avant de reprendre et encore reprendre une existence normale ou du moins une vie au sens propre du terme et uniquement dans sa définition première.

Le coup de grâce viendra quelque temps après avec la nouvelle qui a failli me terrasser définitivement. Au cours d'un de mes nombreux examens de contrôle lié à mon état général défaillant, j'ai été informée que j'étais atteinte d'un cancer de la moelle osseuse. La diminution importante du nombre de globules rouges dans le sang appelée anémie n'annonçait rien de bon et les symptômes étaient bien là et significatifs. J'étais essoufflée, fatiguée et mon rythme cardiaque s'accélérait, comme très souvent chez moi, mais cette fois-ci avec un sentiment différent et angoissant sans pouvoir l'expliquer. J'étais catastrophée et en pleurs comme jamais je ne l'avais été. Je me suis même dit que cette fois-ci j'étais arrivée au bout de mon chemin. Mon combat pour la vie s'achevait une bonne fois pour toutes, presque à l'aube de mes soixante-dix ans. Cinq décennies après mon premier ennui de santé, mon accident de mobylette, un évènement qui me fait grandement sourire aujourd'hui, je suis à terre et je ne me relèverai pas. Alberto ne sait plus quoi faire et il est aussi désemparé que moi. L'avenir s'annonce sombre pour lui aussi. Il va tenter de me soutenir dans les deux sens du terme et mettre tout en œuvre pour me rendre la vie la moins pénible possible. Mais que peut-il faire réellement avec les moyens dont il dispose, c'est-à-dire presque rien. Il accuse le coup, mais ne le montre pas. Après une énième transfusion, un nouveau traitement est prévu et je me dirige vers les séances de radiothérapie à Lyon que je connais bien par ailleurs. Alberto sera mon chauffeur privilégié et confortablement installée dans sa Mercedes noire, je me rendrai dans la capitale des « Bouchons Lyonnais » pour y subir les assauts répétés des rayons destructeurs. Les médecins m'ont prévenue et informée de certains éléments capitaux pour mon nouveau combat. Ce cancer ne se guérit pas et par conséquent, la chimiothérapie fera partie des soins permanents avec une fréquence presque insoutenable. Toutes les trois semaines, j'aurais droit à deux heures voire deux heures trente minutes de chimio. Une véritable apothéose dans la spirale des mauvaises nouvelles. Si j'ajoute les deux jours et parfois plus, de fatigue intense après chaque séance j'ai un aperçu très précis de ma future existence. J'ai soixante-six ans et j'ai l'impression d'en avoir vingt de plus. Je suis exténuée physiquement et moralement ruinée, mais je suis toujours là et je me surprends à admirer la faune et la flore de mon jardin ; comme si de rien n'était, je prends l'air et déambule autour de la piscine dont les mouvements d'eau générés par le moteur me bercent délicieusement. J'observe les colombes qui viennent me rendre visite et je m'autorise un moment de détente et de rêveries assise sur un fauteuil. Que la vie me semble belle quand tout va bien, ne serait-ce qu'un bref instant. Dans ces moments précis, je revois mon parcours de vie et de santé et je me demande pourquoi le destin s'est-il acharné sur moi durant toutes ces années et pourquoi m'a-t-il donné dans le même temps l'énergie nécessaire pour ne pas me laisser abattre définitivement. Quel est son projet à mon égard ? Montrer que l'être humain possède des ressources insoupçonnées pour faire face à l'adversité et qu'il ne faut jamais céder. Il y a toujours un espoir, aussi infiniment petit soit-il, pour continuer à vivre et aimer ses proches. Face à la maladie, nous ne sommes pourtant pas tous égaux et pas armés de la même façon pour lutter. J'avoue qu'au plus profond de moi-même, j'ai toujours voulu me défendre et pourquoi pas attaquer avant d'être à nouveau provoquée en duel par ce destin si cruel. Je pense que je suis une battante avec ses doutes, mais aussi ses certitudes. Peut-être suis-je une élue pour montrer aux autres personnes qui souffrent comme moi qu'il y a toujours un moyen et une raison pour continuer à vivre et que l'existence vaut la peine qu'on se batte.

À mon âge et dans l'état dans lequel je suis, ma façon de me défendre est basée sur les sentiments que je peux encore éprouver et les activités encore accessibles dans mon cas. Les personnes que j'aime, ma copine Jacqueline, ma famille, ma petite-fille me remplissent de bonheur et mes promenades dans la nature proche occupent mon quotidien et embellissent ne serait-ce que quelques minutes mes journées. Je n'hésite pas à sortir même seule, mon bâton de randonnée à la main pour faire le tour du pâté de maison. Parfois, j'ai l'impression de marcher d'une manière un peu tordue ou inclinée, mais j'avance. Je ne suis pas infirme et bouger est excellent pour la santé et le moral. Alors même si, installée confortablement sur la terrasse extérieure, j'ai parfois du mal à m'extirper de mon carcan en osier artificiel pour rejoindre l'intérieur de ma maison, je suis contente et motivée pour aller de l'avant. Mes excursions dans le jardin me font du bien et mes sorties au volant de ma petite citadine me donnent l'impression d'être en bonne santé. Je l'utilise pour aller à mes séances de soin ou pour rendre visite à ma fille ainsi que pour aller faire des courses. Si je suis trop fatiguée, je reste à la maison et je me repose.

2019 va passer aussi vite qu'un tourbillon de feuilles mortes à l'automne. Rien de nouveau sur le plan de ma santé, excepté les tracas devenus désormais quotidiens d'une femme, malade à vie et droguée par toute une panoplie de substances chimiques parfaitement légales et autorisées. Mon existence est presque réglée comme du papier à musique sans pour autant être exaltante ou intéressante. Tout comme mon état général, les résultats de mes examens et de mes contrôles réguliers jouent au yoyo et affectent mon moral. Mais j'ai l'habitude de ces moments pénibles et parfois effrayants alors j'attends que les choses se tassent pour reprendre ensuite les rênes et rebondir, même si l'expression peut prêter à sourire vu mon âge et mon profil, vers d'autres lieux. À chaque remontée de pente, je retrouve naturellement un semblant de forme et je peux alors apprécier les choses simples de la vie et profiter presque sereinement de mon environnement immédiat. Régulièrement, nous voyons nos amis et depuis peu nous avons de nouveaux voisins, un ancien policier du secours en montagne et une infirmière. Lui, jeune retraité et elle encore en activité, ils ont racheté le chalet qui jouxte notre terrain côté piscine. Nous allons pouvoir élargir notre cercle d'amis, ce qui peut avoir un effet bénéfique sur ma santé.

2020
Une bataille de plus

L'année 2020 sera marquante cette fois-ci pour tout le monde puisque la COVID va pointer le bout de son nez et provoquer les ravages que l'on connaît. Toutes les couches sociales seront impactées et les conséquences sur la planète entière ne seront pas uniquement axées sur la santé, mais également sur l'économie de chaque pays. Un véritable séisme mondial qu'aucun spécialiste de quelque domaine que ce soit n'avait envisagé ou prédit. À premier jour de confinement en France je me suis dit qu'il ne manquait plus que je sois touchée par ce virus et la boucle serait bouclée en ce qui me concerne. Car à ce moment précis et au vu de mes défenses immunitaires que je ne possède plus depuis bien longtemps, l'issue fatale serait quasiment inévitable. Encore un choc de plus pour ma pauvre petite tête. Une certaine angoisse s'est alors emparée de moi et la psychose qui s'est répandue sur tout le territoire n'a rien arrangé. J'avais peur de ce nouveau danger d'autant plus que depuis quelques semaines, j'étais à nouveau très fatiguée pour une raison encore inconnue. Mais ce n'est pas lui qui va m'atteindre, mais un autre qui a trouvé sa place tout naturellement dans le palmarès des pathologies dont je suis en possession depuis fort longtemps. Après un examen et des analyses complémentaires, il est apparu que mon hémostase était très basse. En clair, mon sang n'était plus en capacité à coaguler correctement ce qui aurait pour effet de provoquer des saignements importants ou la formation de caillots. Un risque non négligeable. Je suis atteinte d'un cancer de la moelle osseuse. Pourquoi avoir mieux quand on peut avoir pire. Je suis totalement abattue et je lève les yeux au ciel cherchant en vain une réponse à une question que je ne parviens même pas à formuler correctement tant mon cerveau s'emballe. Mais le plus important, et comme si cela ne suffisait pas, je souffre également d'arythmie cardiaque dont le risque principal est la formation de caillots précisément, dans le cœur et donc d'embolie cérébrale. Les oreillettes de mon cœur sont altérées et ne se contractent plus normalement. Elles se mettent à battre très vite de façon totalement inefficace ; elles fibrillent et ce n'est vraiment pas bon du tout. Une fois de plus, mon cœur déraille et c'est la raison pour laquelle je suis à nouveau essoufflée et fatiguée. Et encore un traitement qui va s'ajouter à ma longue liste qui ressemble de plus en plus à la « check-list » d'un avion gros porteur. Je ne sais pas si c'est la goutte qui fait déborder le verre, si tant est que mon contenant soit un verre, car à mon avis c'est plutôt un tonneau, mais je suis effondrée de douleurs et de colère. Je cherche une aide et des réponses, qu'elles proviennent de mes proches ou du corps médical, mais elles sont inexistantes ou presque. Je ne crois plus à grand-chose, mais dans l'hypothèse où un être bienveillant et quel que soit le monde auquel il appartiendrait, je suis preneuse. Au point où j'en suis, je suis prête à me raccrocher à n'importe quoi, à n'importe quel Dieu ou entité imaginaire. Il y a bien un ange ou un ami extra-terrestre qui m'a accompagné jusqu'à présent pour résister à ce torrent de souffrances. En attendant et concernant mon cancer de la moelle osseuse, je consulte une psychologue pour parler de mon ressenti, de mes inquiétudes, de ma vie dans sa totalité. Mais en toute honnêteté, ça ne m'apporte rien ou tout au moins je ne ressens aucune amélioration dans quelque domaine que ce soit. Je lui raconte toujours la même chose et je ne vois rien qui change. Si quelque chose a évolué dans mon cerveau, ce dernier ne m'en a pas fait part. Après plus de cinquante années jonchées de maladies, de cancers, d'interventions chirurgicales délicates et de traitements lourds et aux effets secondaires particulièrement dévastateurs, c'est la première fois que je vais voir une psychologue. Même cette thérapie a du mal à fonctionner, semble-t-il.

Depuis mes dix-sept ans, je suis condamnée à perpétuité pour un crime dont je ne sais absolument rien et je n'aurais visiblement aucune remise de peine. Mes sursis se bornent à quelques créneaux de tranquillité toute relative entre deux périodes de grandes difficultés physiologiques et psychologiques. Aucun de ces temps morts sont suffisamment longs pour que je puisse récupérer quelque peu et espérer un avenir plus serein. Pourtant je veux vivre et profiter des années qu'il me reste à vivre si tant est qu'il m'en reste encore. Alors toujours fidèle à l'image du cycliste forçat de la route qui gravit un col et qui ne lâche rien, je fonce et je cherche à aller vers la victoire. Comme lui, je suis sur un chemin au revêtement totalement dégradé, parsemé d'obstacles et de pièges, mais je serre les dents et contracte tous mes muscles, enfin ce qu'il m'en reste, ignorant la douleur. Une météo exécrable, de la poussière ou de la boue et des dangers de tous les instants, je me bats comme un chevalier. Je suis une amazone jusqu'au bout de mes doigts.

2023
En roue libre

Dans le jargon cycliste, l'expression rouler en roue libre signifie utiliser le mécanisme permettant au coureur de ne pas avoir à pédaler tout le temps sans pour autant que les mouvements des pignons ne s'arrêtent. C'est poursuivre sa route facilement, sans effort supplémentaire. Aujourd'hui, je suis en roue libre et je vis presque normalement. Certes, la mécanique est endommagée, usée et âgée, mais elle fonctionne plus ou moins bien avec l'aide de produits et de protocoles qui me permettent d'accomplir mes tâches quotidiennes sans devoir fournir d'efforts surhumains. Cela fait désormais presque trois années que je profite d'un nouveau sursis. Ma vie s'écoule lentement sans accroc majeur en espérant ne pas avoir à subir encore une catastrophe. Je ne suis pas guérie, je ne le serai jamais, mais je préfère ne pas penser au pire même si parfois de profondes angoisses me rendent visite. Je vis avec mes doutes, mes craintes, mes espoirs et mes traitements. Et cela fait plus de cinquante ans que cela dure. Pour le moment, je pense à la vie et à rien d'autre. Mes fibres musculaires et mon cerveau ont encore, semble-t-il, quelques onces d'énergie à produire pour que je puisse me battre encore et toujours. À l'instar de certains sportifs de haut niveau de toutes disciplines confondues je précise, et qui ont pris le mauvais chemin, je suis droguée et dopée, mais c'est ma seule façon d'être, pour rester vivante. C'est sans doute à mes yeux, la seule forme de dopage qui ait un sens et une véritable légitimité. Je n'irai pas plus loin sur ce terrain scabreux et pour lequel les polémiques et les débats sans fin durent depuis bien plus longtemps que ma vie de femme malade.

Le printemps va bientôt montrer le bout de son nez et le soleil est au rendez-vous ce matin. J'adore cette saison. La nature se réveille et déploie ses ailes bienveillantes. Perchée à cinq cents mètres d'altitude, la température sur la commune de Colombe est toujours plus basse qu'à Grenoble de trois ou quatre degrés environ, mais le climat y est relativement sain et bien moins pollué que celui de la capitale des Alpes. Comme une marmotte qui sort de son terrier pour sonder l'extérieur, je sors de ma maison et me dirige vers la terrasse afin de profiter pleinement des rayons matinaux. Semblables à une période de récréation scolaire, ces quelques instants de paresse et de détente me font le plus grand bien. J'oublie les moments de fatigue ou de douleurs et tous les tracas de ma vie quotidienne. Je fais le plein d'énergie qui me sera bien utile dans les périodes moins joyeuses. Lorsque je me perds dans mes pensées, je pense à mon parcours de vie et je demande encore comment ai-je pu endurer tant de malheurs et de souffrances. Où ai-je pu puiser autant d'énergie pour résister à toutes ces maladies, esquiver avec plus ou moins de réussite toutes ces tuiles qui me sont tombées sur ma tête. Je crois tout simplement qu'au plus profond de moi, j'ai cette capacité et cette envie de me battre contre les éléments. Sans cette volonté première, et avec malgré tout, une certaine chance quelque part, je ne serais plus de ce monde ou alors dans un état pitoyable pour ne pas dire de délabrement total.

Alors oui, je suis convaincue qu'il y a toujours un espoir, aussi minuscule soit-il pour que les choses s'arrangent et que la maladie quel que soit la forme qu'elle prend, soit moins destructrice qu'elle pourrait l'être. Essayer tout au moins de minimiser ses effets dévastateurs. Il faut se battre et ne jamais abdiquer même dans les moments les plus difficiles. Je ne suis peut-être pas l'exemple parfait, mais j'en suis un parmi tant d'autres et j'espère que les personnes qui désespèrent et laissent leur sort entre les mains de je ne sais quel Dieu puissent prendre exemple sur ma détermination et ainsi vivre plutôt que de survivre. Je veux les encourager à affronter l'inacceptable et à vaincre.

Les amazones guerrières ne sont jamais seules. Solidaires les unes des autres, elles vivent ensemble pour un même combat. Celui de la vie. Et je souhaite que leur nombre ne fasse qu'augmenter au fil des ans.

Il y a quelques mois, j'ai ressenti des douleurs au niveau du dos et depuis quelques semaines j'éprouve des difficultés à me déplacer. J'ai l'impression que j'ai moins d'aisance dans mes mouvements et lorsque je marche avec mon bâton de randonnée, j'ai tendance à ne pas marcher droit. Ou bien est-ce une impression ? je ne sais plus. Comme souvent certains jours je suis fatiguée, mais je ne m'inquiète pas plus que cela. Il y a tellement longtemps maintenant que mon quotidien alterne entre les journées tranquilles et douces avec celles bien plus difficiles à supporter. Pour autant, ce mois de mars 2023 ne m'inspire pas une confiance absolue et je pressens une nouvelle contrariété. J'ai passé encore des examens et des analyses récemment et j'attends les résultats avec impatience, mais également avec une certaine angoisse. Il y a encore quelque temps, je prenais connaissance de la présence de taches dans mon organisme et elles n'étaient pas annonciatrices de bonnes nouvelles. Toujours ces maudits grains de sable qui viennent enrayer la machine et ôter certains espoirs. Je vais devoir une fois de plus me battre contre un nouvel adversaire, mais je ne le connais pas encore. Je sens que je ne suis plus en roue libre et qu'il va falloir à nouveau me mettre au premier rang du peloton et pédaler la tête dans le guidon.

Le couperet vient de tomber avec la brutalité qu'une telle information peut susciter dans mon esprit. L'amazone que je serais tentée d'incarner aujourd'hui encore vient d'essuyer un sévère revers. Mon corps va devoir affronter une méningite carcinomateuse. Autrement dit, l'envahisseur ou l'ennemi que sont des cellules cancéreuses métastatiques ont lancé une offensive contre mon espace sous-arachnoïdien en tentant un passage dans le liquide céphalo-rachidien. Une belle attaque dans les règles de l'art de la guerre. Avec un nom à coucher dehors, cette méningite carcinomateuse correspond à une évolution tardive pas sympathique pour un sou et qui apparaît chez cinq à dix pour cent des patients atteints d'un cancer. C'est également une complication du cancer du sein. Mon cancer du sein date de 2012 alors peut-être est-il la cause de ce rebondissement. Décidément, mon tableau de chasse en matière de coups durs ne cesse de s'agrandir. Les armes mises à ma disposition pour ce nouveau combat sont quasi identiques à celles déjà utilisées lors de mes précédentes batailles, mais avec des réajustements, des modifications et des dosages différents. La chimiothérapie 2023 va débuter et par la même occasion toutes les nouvelles conséquences sur mon organisme et mon psychisme. Une vraie galère en réalité. Vivement ma prochaine période de roue libre.

Dans toutes les couches socioprofessionnelles, il y a des personnes passionnées par le métier qu'elles exercent et pour lequel elles y consacrent tout leur temps au détriment souvent de leur famille. D'autres encore passent leur vie à assouvir leur passe-temps favori. Enfin, certaines vivent une vie entière dans leur monde. Chacun ses choix avec ses moyens et ses limites.

Moi, j'aurais passé mon existence à survivre, au sens propre du terme et à espérer un quotidien meilleur. Une véritable survie pour ne pas mourir. Je n'aurais jamais eu le choix de quoi que ce soit, si ce n'est que d'accepter ces tourments injustes issus d'un destin qui l'est tout autant, et de me battre jusqu'à la fin. Si lutter contre la maladie et le cancer était une passion ou une activité de loisir, je serais comblée. Désormais à quoi dois-je m'attendre ? Avec toute la volonté dont je pourrais faire preuve, je dois bien admettre que mon avenir proche est plutôt flou. Je peux y percevoir du bon comme du mauvais et comme je suis toujours dans une dynamique positive, je dirais que je dois m'en sortir une nouvelle fois. Il ne peut en être autrement.

Cancer mon passager noir
Lundi 27 mars 2023

Aujourd'hui, je me dirige vers un nouveau protocole de chimiothérapie pour mes métastases cérébrales. Mes nouvelles copines ne me laissent aucun répit. Le traitement précédent et concernant celle du dos a été efficace, alors pourquoi ne pas croire à une possible amélioration, voire une guérison pour mon pauvre cerveau. Le week-end a été éprouvant moralement. J'avais baissé les bras et je voyais tout en noir. Depuis l'annonce de la présence de cellules cancéreuses susceptibles d'envahir le liquide céphalo-rachidien, je suis stressée et incapable de me détendre. L'horrible méningite carcinomateuse constituerait-elle l'épilogue de mes tribulations au sein de ce monde pas toujours fantastique ? Les journées défilent inexorablement et ne se ressemblent pas. Je redoute ce traitement et la fatigue qu'il va générer en particulier. Dans mes pensées les plus profondes, je n'aspire qu'à une chose, toucher et sentir le doux parfum des fleurs du printemps qui s'annonce et admirer les sommets encore enneigés des massifs environnants. Il a neigé en altitude ces derniers jours et le blanc ders cimes contraste d'une manière élégante avec le vert des prairies. C'est un tableau naturel dont je ne me lasse jamais. Il m'apaise et me réconforte. La nature est belle et ses pouvoirs sont sans pareil. Dans les moments difficiles, je fonctionne souvent de la même manière. Dans un premier temps, j'accuse le coup, je suis sonnée et parfois ko, puis dans une deuxième phase je réagis, je rebondis et je me dis que je ne peux pas rester dans cet état. Il faut que je me batte. Un regain de vitalité à défaut d'énergie me remet sur pied et je vais alors de l'avant. Il y a toujours en moi cette force obscure qui booste mon moral ainsi que ma volonté de résister. C'est très certainement grâce à elle si je suis encore là, vivante, à soixante-dix ans avec un paquetage de déconvenues et de souffrances aussi lourd qu'un sac de meunier, plein à craquer, sur mes frêles épaules. C'est même une véritable hotte de père Noël remplie de cadeaux empoisonnés, écrasante et qui m'oblige, sur mon chemin de vie, à plier douloureusement l'échine sans pour autant succomber à son terrible poids. Je plie, mais ne romps pas tel le roseau de monsieur Jean de La Fontaine.

Il y a des jours où je suis une amazone et d'autres un roseau. Dans les deux cas, je fais de la résistance et comme l'Histoire l'a démontré à maintes reprises, l'efficacité est souvent au rendez-vous. En tout cas, je veux y croire et ma détermination est toujours présente.

La Commedia dell'arte
Vendredi 14 avril 2023

Ce matin, j'avais rendez-vous avec l'oncologue et ses propos ont été dévastateurs pour mon moral. Elle m'a expliqué et traduit les résultats d'examens qui ne sont manifestement pas encourageants. Depuis quelques jours, j'appréhendais cette visite et avant même que je me retrouve assise devant elle, j'avais comme un mauvais pressentiment. Sans doute, ma fatigue de ces derniers temps y était pour quelque chose. Je n'avais plus les idées claires, mais je voulais tout de même savoir et comprendre ce qui était en train de m'arriver. Pourquoi étais-je relativement en meilleure forme avant le nouveau protocole de soins et que depuis l'application de ce dernier, la fatigue et les douleurs sont quotidiennes ? Mon corps est-il entré dans une posture de rejet ou de refus d'absorber de nouvelles drogues. Cette nouvelle chimiothérapie est pourtant axée sur la découverte de cellules cancéreuses dans mon cerveau et donc sensée stopper l'évolution du cancer à défaut de l'anéantir ? Je n'ai plus de force et mon mental s'en ressent de plus en plus. Hier encore, il faisait beau et malgré l'air froid et venteux, je voulais m'octroyer un moment de détente en allant marcher une petite heure dans la plaine, au milieu des champs. Je voulais juste recharger les batteries, mais mon corps ne voulait pas. Les douleurs et le manque de tonus avaient eu raison de mon envie soudaine. Je ne comprenais pas et j'étais pour ainsi dire très en colère à la fois contre moi-même, mais aussi contre ce monde si cruel. Même la promenade autour de la maison ne m'était pas accordée par les dieux maudits. Quelle déception de ne pas pouvoir profiter de ces paysages de campagne qui me font habituellement un bien fou. Je parviens à lire dans les yeux de l'oncologue toute sa compassion et peut-être même sa rage face à son impuissance à combattre comme elle le souhaiterait ces maux si terribles. Ses paroles semblent être en contradiction avec ses espérances et son analyse, mais elles sont l'exacte retranscription de la réalité. J'ai des métastases dans le cerveau, ce qui n'est pas bon du tout et la chimiothérapie est à vie. Voilà pour le côté noir de la situation. Cependant, elle insiste en précisant que le traitement pourrait stopper l'avancée de la maladie, la guérison étant écartée avec une quasi-certitude. Ce qui est dans un premier temps un aspect positif non négligeable. C'est le côté moins sombre de cette présentation. Pour autant, je suis littéralement assommée en entendant ses propos et je regarde Alberto qui ne dit pas un mot. Un silence de mort règne alors durant quelques secondes et je me mets à penser au pire. Je me remémore les mots prononcés par l'oncologue et je me dis que je suis condamnée à plus ou moins long terme. Le traitement peut être efficace pour ralentir, voire stopper la maladie, mais il n'y aura pas de guérison possible. Alors la grande question est : combien de temps me reste-t-il à vivre ? J'ai le moral à zéro et pour la première fois, je sens mon corps me lâcher. Il m'abandonne à mon triste sort. Du coup, tout ce qui se rapporte à la maladie, au cancer, aux maux de toutes sortes, tout ce qui fait mon quotidien en réalité, n'a plus véritablement d'importance à mes yeux. L'envie de quoi que ce soit n'est plus en moi, la motivation a disparu et les projets les plus basiques et futiles qui soient ne font plus partie de mes pensées. Je n'existe plus et je me sens totalement vide.

Cette fois-ci, ce n'est pas une tuile qui m'est tombée dessus, mais une toiture entière avec la charpente en prime. Sous cette métaphore, il y a une peur immense et un désespoir bien réel. Cette journée noire viendra compléter la liste de toutes celles que j'ai dû subir et qui me rendent si défaitiste lorsque tout va mal. Tout ce qui se rapporte alors à la maladie me met dans une colère intérieure indescriptible. Comme cette fameuse perruque qui m'accompagne ou qui fait partie de moi devrais-je dire, depuis mes vingt-trois ans, et que je ne peux plus regarder en face dans mes moments de déprime totale. Dans l'intimité de ma chambre, assise sur ma chaise habituelle, face au miroir qui me renvoie mon image de femme blessée et abîmée, je regarde avec tristesse et colère à la fois, ce visage qui vieillit et qui raconte chaque jour qui passe, une histoire humaine ; mon histoire que j'aimerais effacer si cela m'était possible, tant elle transpire la souffrance et un profond désarroi. Face à un miroir, tout est interprétable. Depuis près de cinquante ans, j'ai l'impression d'être une comédienne de théâtre qui joue sa pièce tous les jours sans interruption. Une pièce dont le nombre d'actes n'est pas connu et qui évolue au fil du temps sur le thème dramaturgique du corps et de l'âme humaine. Je ne porte pas un masque comme les comédiens de la Commedia dell'arte, mais une prothèse capillaire avec laquelle j'entretiens une relation étroite par le biais d'un rituel biquotidien. À l'instar de ces artistes comédiens du XVIe siècle, je me prépare deux fois par jour suivant un protocole bien précis. Celui du matin me permet de me transformer en femme alors que celui du soir me replonge dans la réalité du monde des femmes malades. La seule différence, mais elle est de taille, c'est que pour moi ces séances de préparation n'ont aucun lien avec la notion de plaisir et d'excitation. Le comédien se maquille dans une ambiance positive et même si le trac le tenaille parfois, il ne sombre pas dans la peur, l'effroi ou la tristesse comme c'est le cas pour moi. Il se prépare à passer un moment intense et gratifiant. La scène théâtrale est également très différente de la mienne.

Avant de rentrer sur ma scène, celle de la vie de tous les jours, je répète les mêmes gestes qui me plongent souvent dans les mêmes pensées. Après une nuit que je qualifierais de plus ou moins acceptable suivant les périodes, je me lève coiffée de mon magnifique bonnet qui remplace ma perruque, je déguste, si mon moral est bon, mon petit déjeuner puis je m'installe sur ma chaise dédiée à la transformation. Devant le véritable reflet de ma personne qui remplit la presque totalité de la surface du miroir, je fixe froidement ce visage sans aucun artifice qu'est le mien. Et tous les jours, je me dis qu'il y a du travail en perspective pour rendre le personnage agréable à regarder et crédible.

Le vieux miroir aux reflets patinés connaît tous les secrets de ma transformation. Il est mon fidèle compagnon muet, mais capable de me faire ressentir les sentiments les plus variés. À travers l'image qu'il me renvoie, il me donne son avis suivant mon humeur du moment. Il est capable de déceler mes faiblesses du jour ainsi que mon degré de motivation pour la représentation à venir. Mon texte est toujours le même, mais mon interprétation varie et évolue au fil du temps, en fonction du public, de la journée ou de la soirée si nous avons des invités. Ma séance de maquillage semble identique chaque jour, mais je me rends-compte très souvent que certains détails très infimes trahissent mes états d'âme. Malgré mes douleurs dorsales qui ne me quittent presque jamais, je me tiens droite, le fessier bien calé sur le dossier de mon fauteuil d'artiste et je fixe avec insistance mon visage dans la glace. Je retire lentement mon bonnet que je porte la nuit et qui cache la dure réalité de la vie d'une femme malade. Une multitude de sentiments viennent alors perturber ce moment particulier. C'est un vrai cocktail qui ne se boit que par réflexe, sans aucun plaisir. Au mieux, la satisfaction de faire la part des choses entre le réel et l'irréel, le faux. Une once de pudeur, une autre de colère, puis une pincée de tristesse avec un nuage de résignation. Même un barman expérimenté aurait du mal à le reproduire tant il est compliqué avec un goût certainement très douteux. Les traits de mon visage sont indescriptibles et parfois je me demande si c'est bien moi que je regarde. Leur forme et la couleur de ma peau, sa texture et la profondeur de mon regard semblent venir d'un autre monde. La vieillesse et le mental défaillant n'embellissent pas le tableau. Je ne me reconnais plus et pourtant depuis près de cinquante années bien tassées, tous les jours de l'année je me dévisage avec une certaine résignation et une abnégation absolue.

Mes gestes sont lents et depuis quelque temps les tremblements de mes mains et par voie de conséquence de mes doigts, ne facilitent pas le parcours que la pose de ma perruque leur impose. La dextérité en a pris un sacré coup. C'est même particulièrement agaçant. Ma prothèse capillaire est près de moi, délicatement et sagement posée sur son support. Elle attend son entrée en scène. Sur la petite table qui pourrait ressembler à un atelier d'intérieur, tous les objets nécessaires au cérémonial sont présents. Je pourrais dire que les décors sont plantés et que la scène de mon théâtre est prête. La perruque est constituée de cheveux naturels et une fois par an, il me faut la remplacer. Alors avec Alberto, nous prenons la direction de la Côte d'Azur où j'ai mes habitudes avec mon prothésiste. Nous en profitons pour rester une ou deux journées de plus pour profiter de ce beau lieu de villégiature, et puis nous rentrons à Colombe. Autant réunir l'utile à l'agréable, même si nous revenons avec le porte-monnaie bien léger. Ma nouvelle coiffure me coûte près de 1350 euros, le prix à payer pour préserver à la fois ma dignité et une image féminine digne de ce nom. Tel un robot bien réglé, je saisis ma perruque des deux mains et la positionne avec précision sur le sommet de mon crâne. Le système de fixation est basé sur le principe de crochets qui viennent se solidariser avec les rares cheveux qui ont accepté de rester avec moi. Durant quelques minutes, je navigue entre deux mondes, entre deux êtres, entre le docteur Jekyll et M. Hyde. Le jour, c'est l'un et la nuit c'est l'autre. Les automatismes ainsi acquis au fil des ans me permettent de gagner du temps dans la manipulation et ainsi de ne pas rester trop longtemps avec cette tête au visage dénué de toute séduction ni de beauté d'ailleurs. Certain jour, je déteste ce moment précis où je peux me rendre-compte avec force combien l'impact psychologique que provoque l'inexistence d'une chevelure est grand et difficile à accepter. Mais parfois, je reste indifférente à ce climat déstabilisant, comme littéralement et volontairement exclue de ce carcan émotionnel. Comme si j'étais résignée au plus profond de moi face à cette fatalité. Je dirais même que je ne suis absolument pas concernée par ce qui m'arrive et que je préfère en rire plutôt que d'en pleurer. Alors lorsque je rentre dans ce type de schéma, tout peut arriver dans mon cerveau fatigué. Ma chevelure qui ne m'appartient pas est faite de cheveux naturels, raides avec une coupe au carré. Plongeant dans mes divagations passagères, je me prends à sourire et à m'imaginer coiffée comme les danseuses du Crazy Horse. Toutes ces créatures mystérieuses et insaisissables qui portent toutes la même coiffure. J'ai le droit de positiver une souffrance qui ne me quittera jamais. Cela me fait du bien, même si cela ne dure que quelques instants. C'est mon côté combattant qui refait surface face à la maladie et qui me permet de tenir. Contrecarrer la vision noire et morbide de la situation en la traitant en dérision. Pour combien de temps encore, je ne sais pas et je ne veux pas le savoir pour le moment. Le printemps tarde à venir, comme si lui aussi souffrait d'un mal récurrent. Demain, je vais rendre visite à ma fille et même si je suis très fatiguée, cela me fera le plus grand bien.

Juin 2023
Examens en cascade

Comme les lycéens qui viennent d'entrer dans leur période d'examen du bac, j'ai moi aussi toute une série d'épreuves à passer et qui ne sont pas propices à la sérénité. Au contraire, le stress ne me quitte pas et l'attente des résultats va être insupportable. Mon avenir professionnel n'est bien évidemment pas concerné au vu de mon âge, mais celui de mon existence très certainement. Cela fait des semaines que je suis fatiguée avec un moral très joueur puisqu'il oscille en permanence entre l'espoir et la peur. L'espoir de survivre avec l'aide de la médecine et peut-être celle d'un dieu imaginaire, et la peur de mourir tout bêtement. La chimiothérapie m'épuise, mais l'oncologue vient de la diminuer. Alors je crois à un regain de vitalité dans les prochains jours. Mon premier examen de ces derniers mois était un scanner thoracique, le 5 juin dernier. La prochaine épreuve sera un scanner complet de tout le corps, prévue le 23 juin et enfin mon dernier examen sera une IRM de la tête. Je ne sais pas si j'aurais une mention pour ces épreuves, mais le baccalauréat me semble plus accessible. En attendant, entre deux orages, je profite un petit peu du jardin en m'installant quelques instants sur un transat. Les rayons du soleil me chauffent agréablement et le bruit de l'eau de la piscine, brassée par le courant régénérant, me bercent et me font oublier mes misères de la vie. Au-dessus de moi, des merles se font la guerre pour de la nourriture et entament un combat aérien digne des plus belles batailles aériennes du siècle dernier. De gros pigeons ramiers, tranquillement posés sur les fils électriques de la maison voisine, observent avec attention ce remue-ménage et finissent par quitter les lieux en quête d'un endroit plus calme. La nature semble si simple et plus agréable, plus belle aussi. Dans le monde animal comme celui du végétal, les lois de l'existence sont impitoyables et la sélection naturelle est exempte de toute ambiguïté. Mais les espèces, toutes confondues, vivent ainsi le plus naturellement du monde.

La chaleur de ces derniers jours limite mes sorties à l'extérieur, mais je prends l'air très régulièrement. Cela fait deux semaines maintenant que je suis moins fatiguée. Le traitement de chimiothérapie modifié et diminué me convient nettement mieux. Le moral s'en ressent, je retrouve un semblant de vie normale. Pour moi, c'est comme une bouffée d'oxygène avec cette impression de pouvoir faire mille choses. À commencer par prendre ma voiture et sortir de mon refuge. Retrouver un certain tonus et profiter des moments simples de la vie quotidienne. Délestée de six kilos, une perte de poids sans doute due au nouveau traitement, je me sens légère et d'humeur presque joyeuse. Je ne dirais pas que c'est le bonheur absolu, mais je m'y rapproche tout doucement. Je vis un changement notable et positif pour une fois. Pour Alberto également, les journées sont moins moroses et de toute évidence bien plus agréables.

La pause estivale

Le samedi 24 juin 2023, nous recevons nos voisins, Laurence l'infirmière et Patrick l'ancien policier, pour un apéritif dînatoire. Tous les deux suivent de près ma vie de femme malade et me sont d'une grande aide lorsque je sombre un peu dans les bas-fonds des malheurs et des déconvenues en tout genre. À dix-neuf heures, il faisait encore chaud et installés sur la terrasse sous un grand parasol, nous avons tous les quatre, profité de cette très belle journée de juin. Cela m'a fait le plus grand bien. J'avais l'impression de ne pas être malade et que rien ne m'était arrivé depuis des lustres. Une sensation de bien-être absolument divine. Sans doute, l'alcool avait contribué à cet effet quelque peu euphorique et anesthésiant, mais le résultat était là, je me sentais bien et c'était le plus important. Les « spritz » au limoncello préparés par Alberto et le champagne, puis le vin rouge ont agréablement accompagné les différents plats, mais également nos amis qui ont fait honneur à cet étal culinaire. Il y avait longtemps que j'attendais ces moments de détente et je remerciais le ciel de m'avoir accordé un répit pour vivre ces moments de plaisir. J'étais d'autant plus joyeuse qu'il y a quelques semaines encore j'étais au plus bas moralement. Je m'étais même persuadée que c'était peut-être la fin pour moi. Que mon corps et mon esprit avaient dit stop d'un commun accord. Aujourd'hui, je revis et je veux en profiter, car je suis parfaitement consciente que mon avenir proche ou lointain ne sera pas toujours bienveillant avec moi. Ces moments de détente et de bien-être sont tellement rares que je ne veux pas les rater. Je ne demande pas la lune, juste des instants agréables avec les gens que j'aime et que j'apprécie. Après ce que j'ai enduré toute ma vie, il me semble que je le mérite. La santé est la plus grande des richesses. Cette soirée m'aura fait le plus grand bien. Les heures sont passées à une vitesse folle et la nuit s'est installée sans qu'on le remarque. Une nuit claire et étoilée, une belle nuit. Sous le parasol, une lampe tube accrochée telle une boule de Noël, par Alberto, nous éclaire faiblement, mais suffisamment pour poursuivre notre soirée et distinguer avec netteté nos convives. J'avais rajouté pour l'ambiance et l'esthétisme deux belles bougies dont les flammes résistaient avec force à la légère brise qui venait de montrer le bout de son nez. Pour une fois, la fatigue était agréable et mes pensées étaient positives. Cette soirée entre amis était véritablement une pause estivale. Alors même si après-demain je vais subir une IRM de la tête, je préfère rester sur une impression de bien-être et de sérénité. Et surtout essayer de ne pas imaginer une complication supplémentaire, voire un sérieux problème cérébral. Ce soir, je reste une amazone, un roseau qui plie, mais qui ne se rompt pas. Il est minuit et la douceur de la nuit est un enchantement.

Été 2023
La vie continue

Les résultats de mon IRM du cerveau sont tombés. Il semblerait que la situation soit restée stable, mais qu'elle méritait malgré tout un changement dans la fréquence de mes séances de chimiothérapie. Jusqu'à présent, j'avais droit à une séance toutes les quatre semaines, mais désormais ça sera toutes les trois semaines. Ce n'est pas vraiment encourageant, car cela signifie que le médecin estime que le traitement actuel ne sera peut-être pas suffisamment efficace et que l'augmentation de la fréquence est nécessaire. Une nouvelle fois, le moral en prend un coup et cette nouvelle qui n'est pas franchement agréable, me gâche quelque peu mes futures journées d'été. Comme d'habitude, je vais faire avec, et tenter de rebondir, pas trop fort tout de même, je ne suis pas une gymnaste. J'aime la vie, mais elle est éreintante et injuste. Avec la fréquence des séances de chimio qui va augmenter, mes périodes de répit seront plus courtes et de ce fait, la tranquillité d'esprit tout comme ma sérénité seront moins présentes. À peine remise d'une séance, la fatigue inévitable qui suit immédiatement m'ayant bien impactée, la nouvelle approchera à grands pas et les semaines défileront ainsi déposant à chaque fois dans un coin de mon cerveau déjà bien fatigué, leur lot de noirceur.

Mon moral, tout comme la météo de ce mois de juillet, oscille entre le bon et le moins bon, fraîcheur et canicule. Mes pensées vagabondent sur des montagnes russes ; elles me donnent parfois le tournis et je suis obligée de me poser et de faire ralentir mon rythme cardiaque qui subit de plein fouet ces tourbillons de sensations contradictoires. Je n'ose même plus penser au futur, aux prochaines fêtes de fin d'année. À tous ces instants simples, mais au combien pourvoyeurs de beaux et réconfortants sentiments. Je me rends-compte que je viens une nouvelle fois de toucher le fond ; il faut que je remonte le plus vite possible et prendre un bol d'air géant, une bouffée d'oxygène digne des plus grands mammifères marins. L'été n'est pas fini et les belles journées comme les belles rencontres sont encore loin d'être toutes vécues. Au lendemain d'une séance de chimio, je suis fatiguée, que cela ne tienne, je vais me coucher et me reposer. Le jour suivant ou le deuxième jour, je profiterai du jardin, de l'air de la campagne, de mes amis, de ma sœur Chantal, de ma fille et de ma petite-fille. Et si ma condition physique d'athlète du troisième âge me le permet, j'irai, non pas courir le 100 mètres, mais marcher quelques mètres autour de chez nous. Le terme exact serait plutôt déambuler ou avancer pas à pas sur cette terre qui ne me laisse plus le choix des itinéraires. Les randonnées dignes de ce nom ont laissé place depuis fort longtemps aux balades qui elles aussi ont disparu de mes activités au profit de simples déplacements. Mon quotidien devient compliqué et énervant. Je me déplace avec l'aisance d'un pauvre animal sous anesthésie, la dextérité de mes mains laisse franchement à désirer et pour couronner le tout, j'ai souvent des vertiges qui m'obligent à stopper net toute action. Mais je continue à croire que le meilleur peut montrer le bout de son nez ; alors je tiens bon, je m'adapte et je m'habitue au mal ainsi qu'aux contraintes en tous genres. L'être humain s'habitue à tout, même au pire et à l'inconcevable, il peut accepter l'inacceptable dès lors qu'il a la capacité de trouver sa place dans ce monde cruel, en espérant des jours meilleurs.

La bouée bleue

La deuxième semaine du mois d'août s'annonce caniculaire sur tout le département de l'Isère. Comme très souvent, notre région à l'instar des villes du sud de la France, frôle les records de chaleur. Je ne déteste pas les hautes températures, d'autant plus que j'ai une arme redoutable pour la contrer si toutefois elle venait à être insupportable. Depuis de nombreuses années avec Alberto, nous avons la chance de pouvoir faire nos ablutions dans notre piscine. Le bassin est grand et parfaitement entretenu par le maître de maison. Rares sont les insectes ou autres espèces animales indésirables qui osent s'y aventurer. Et pour les courageux ou inconscients devrais-je dire la sanction est immédiate. Le balai nettoyeur et l'épuisette seront leurs anges exterminateurs. D'une longueur plus que respectable et dotée sur un des côtés de quatre marches pour une immersion progressive, elle est absolument idéale pour se rafraîchir et se faire plaisir. Bien que pour le côté plaisir je ne suis pas vraiment convaincue puisque j'ai une peur bleue de l'eau. C'est un comble pour une personne qui se bat depuis un demi-siècle contre la maladie sous toutes ses formes et qui vit au quotidien avec la mort à ses côtés. Depuis toujours, j'ai la phobie de l'eau. Avoir une belle piscine et être incapable d'y rester avec une réelle satisfaction, c'est presque du gâchis. Je peux rester debout et les pieds bien collés au fond, l'eau au niveau des épaules sur la quasi-totalité de la surface du bassin, je panique et ressens un profond malaise. J'ai pourtant essayé les accessoires du type fritte en mousse avec le soutien d'Alberto, mais rien n'y fait. Je peux tout de même me déplacer le long du bord, mais il me faut quelqu'un tout près et prêt à tout. Alors je me contente souvent de descendre les marches et de rester debout avec l'eau au niveau des genoux voire des cuisses. Ou encore de m'asseoir au bord les pieds dans l'eau. C'est d'ailleurs une des positions les plus appropriées pour discuter entre amis. Il y a quelques jours, nos voisins sont venus se rafraîchir dans notre baignoire géante en apportant avec eux une immense bouée bleue. Ils avaient dans la tête l'intention d'essayer de me familiariser avec l'élément liquide en utilisant cet accessoire géant. Ils souhaitaient véritablement que je profite de la piscine. Une première démonstration exécutée avec brio par Laurence puis par Patrick me permit effectivement de constater que l'exercice n'était pas difficile et qu'il pouvait même être ludique. Sous les regards de l'assemblée, c'est-à-dire Alberto, nos voisins ainsi que Jacqueline, mon amie de longue date, je me préparais à me positionner sur la belle bouée. La relative aisance des premières secondes fit place à la peur incontrôlable. Même les conseils avisés et apaisants de mes surveillants de baignade ne parvinrent pas à me calmer totalement. J'étais pourtant dans l'eau à une distance respectable du bord, en contact permanent avec le sol du bassin et du personnel attentif autour de moi, je ne pouvais pas bouger. J'étais tétanisée, incapable d'appliquer les consignes que chacun me donnait avec beaucoup de douceur. Je serrais si fort les côtés de la bouée que j'aurais presque pu la crever. J'empoignais d'ailleurs tout aussi fort le bras de celle ou celui qui me le tendait pour renforcer une hypothétique confiance. Il m'était impossible de me maîtriser, je m'entendais même crier de panique ce qui signifiait expressément que le test n'était absolument pas concluant, mais surtout qu'il fallait que je sorte le plus rapidement possible. Ma peur avait été si intense qu'elle avait provoqué un vertige des plus violents. J'étais épuisée, comme si j'avais marché durant des heures. La bouée bleue n'était pas mon amie. Les émotions fortes et presque déstabilisantes laissaient place désormais à une certaine quiétude ; peut-être même un soulagement. Craindre l'eau à ce point reste une énigme pour moi. Je ne parviens pas à me souvenir d'un évènement dans ma vie passée qui aurait pu être la cause de cette phobie. Je suis nettement plus à l'aise à table avec mes amis, une coupe de champagne à la main. Encore un plaisir que je me dois de ne pas refuser.

16 septembre 1952

La ville d'Oran en Algérie a accueilli avec un soulagement ainsi qu'une ferveur débordante deux évènements majeurs. Surtout un, en juillet 1952, avec l'arrivée de l'eau douce dans les tuyauteries des oranais. Ce fut une révolution dans le bon sens du terme et une avancée majeure pour le confort des habitants. L'eau c'est la vie. Pour ce qui est du deuxième fait marquant, j'ai exagéré quelque peu, mais ce fut également une date importante pour moi puisqu'il s'agit de ma naissance. Oui, je suis arrivée dans ce monde moins de deux mois après celle du précieux élément liquide. Certes, j'ai fait moins de vague que les flots lâchés du barrage de Béni Bahdel, mais mon nom restera malgré tout gravé non pas dans les mémoires de l'histoire de la ville d'Oran, mais dans les registres d'état civil de la cité. Je suis née le 16 septembre 1952 dans cette célèbre ville portuaire de l'Algérie. Oranaise de naissance au destin banal, mais néanmoins marquant, mes jeunes racines d'Afrique du Nord changeront de terre et tenteront tant bien que mal à se développer sur le territoire français avec toutes les difficultés qu'un déracinement brutal peut causer.

J'ai 71 ans aujourd'hui et j'ai décidé de mettre fin à mon récit de femme malade. Non pas que je n'ai plus rien à raconter, mais je voudrais terminer mon odyssée sur un ton positif, c'est-à-dire vivant. Je ne sais pas ce que l'avenir me réserve et pour faire en quelque sorte un pied de nez à ce foutu destin, je préfère choisir le moment de l'épilogue. Et puis il faut bien, à un moment donné, mettre un terme à l'histoire. Et le moment propice qui se présente à moi est celui de mon anniversaire. Un anniversaire c'est un moment joyeux, même à mon âge. C'est l'occasion de revoir la famille ou les amis proches. La fin de mon histoire va donc se faire sous la forme d'un bilan. Le bilan de ma vie de femme et de patiente assidue. Étonnamment, je le trouve plutôt positif. La balance penche du bon côté pour le moment. Ce que je veux dire, c'est que malgré tous les obstacles qui ont jonché mon parcours, je suis toujours là, vivante et encore motivée pour le rester. Mes périodes sombres et douloureuses m'ont finalement poussée à réagir encore plus énergiquement. J'ai souffert et je souffre encore, mais j'avance à mon rythme avec toujours cet espoir, ce minime espoir pour être exacte, de retrouver cette sérénité ou cette tranquillité d'esprit pour mes vieux jours. Car ces derniers sont comptés, j'en suis consciente, et je veux en profiter.

Ces métastases cérébrales qui se sont installées sans mon autorisation, telles des squatteuses dangereuses, constituent un sérieux problème. Leur présence est un signal d'alarme fort pour ce qui est de mon espérance de vie. Mais je ne vais pas attendre qu'elles m'éjectent de mon existence. Je sais qu'elles sont là, toutes proches et qu'elles patientent jusqu'au moment propice, à l'instar des hyènes, ces bêtes têtues et féroces qui attendent patiemment l'heure du repas. En attendant la véritable fin de mon histoire, je vais tout faire pour mordre avec ma dentition bien malmenée depuis des décennies, à pleines dents les parties les plus savoureuses de la vie.

Je souhaiterais réellement que mon histoire, aussi banale soit-elle et avec toute la modestie qui me caractérise, devienne un exemple pour toutes les personnes qui ont, comme moi, une vie imprégnée en profondeur par la maladie. Un exemple de résilience, de combativité, mais surtout d'espoir. À travers les récits de mon existence et les anecdotes du quotidien, j'ai tenté de mettre en évidence la beauté de cette vie qui se cache souvent derrière une laideur injuste et parfois déstabilisante. À l'instar des personnes qui souffrent d'un handicap physique et qui, pour beaucoup d'entre eux, parviennent à vivre presque normalement, à travailler pour certains ou à pratiquer des activités sportives pour d'autres, nous pouvons, nous les êtres impactés par les cancers agressifs, trouver la paix intérieure et vivre avec des objectifs, des projets ou des résolutions en tout genre. À chaque être malade, un rêve est accessible. Il me semble que pour cette partie de l'humanité, il est possible de trouver une raison de vivre et de se battre contre les éléments tempétueux ; de braver l'impossible et vaincre le mal même pour un court instant. J'en suis convaincue.

Excipit

Une année entière a été nécessaire pour retranscrire les propos de Marlène. Durant cette période, j'ai pu suivre l'évolution de son état de santé physique, mais surtout mentale. Et j'ai pu, d'autant plus, constater des changements notoires que je ne la côtoyais pas toutes les semaines. Je pouvais même rester de longues périodes sans m'entretenir avec elle. De ce fait, à chaque retrouvaille si je peux m'exprimer ainsi, il m'était possible de jauger de sa forme du moment et de la comparer avec celles des périodes précédentes. J'ai pu ainsi me rendre compte de l'étendue des dégâts que la maladie peut provoquer parfois insidieusement. Ses difficultés de déplacement tout comme la répétition des traitements montrent à l'évidence des changements significatifs et pas forcément encourageants. Mais Marlène est vraiment une battante et son esprit combatif n'a d'égal que le degré de souffrance que la vie lui a imposé. Je l'ai vue rieuse, gaie, mais aussi fatiguée et démoralisée par les mauvais résultats d'examens. Mais à chaque période difficile, elle remontait la pente et profitait de ses moments de répit pour vivre presque normalement. Je peux dire qu'en la voyant ainsi résister à l'abandon ou à la résignation, je reçois une belle leçon de vie et d'espoir. Elle vient de fêter ses 71 ans, mais lorsque l'on sait que c'est à l'âge de 17 ans que les ennuis de santé ont débuté, on peut se dire qu'elle a fait un sacré bout de chemin. Je dirais même avec l'humour qui est le mien et qui n'est absolument pas grinçant ni déplacé, que sa carrière de femme malade est vraiment exceptionnelle.

Marlène est une véritable amazone.

Imprimé en Allemagne
Achevé d'imprimer en janvier 2024
Dépôt légal : janvier 2024

Pour

Le Lys Bleu Éditions
40, rue du Louvre
75001 Paris

www.ingramcontent.com/pod-product-compliance
Lightning Source LLC
Chambersburg PA
CBHW062345010826
49168CB00024B/266